Carl-Auer

Gewidmet
denen, die vermitteln, ohne es zu wissen;
denen, die überlegen, ob sie es wollen;
denen, die Mediation anders sehen und sie dadurch bereichern.

Joseph Duss-von Werdt

Einführung in Mediation

2008

Satz: Josef Hegele, Heiligkreuzsteinach
Umschlaggestaltung: Goebel/Riemer
Printed in Germany
Druck und Bindung: Freiburger Graphische Betriebe, www.fgb.de

Erste Auflage 2008
ISBN 978-3-89670-633-1

Bibliografische Information der Deutschen Nationalbibliothek
Die Deutsche Nationalbibliothek verzeichnet diese Publikation in der
Deutschen Nationalbibliografie; detaillierte bibliografische Daten sind im
Internet über http://dnb.d-nb.de abrufbar.

Carl-Auer Verlag
Häusserstraße 14
69115 Heidelberg
Tel. 0 62 21-64 38 0
Fax 0 62 21-64 38 22
E-Mail: info@carl-auer.de

Inhalt

In was eingeführt wird ... 9

1. Wörter, Begriffe, Geschichte ... 12
1.1 Mediatrix und Mediator ... 12
1.2 Blitzlichter in die lange Geschichte des neuen Alten ... 13
1.3 Begriffe und ihre Kontexte ... 16
Definitionen als Ein- und Ausschluss ... 16
Marken- und Marktzeichen in einer bewirtschafteten Welt ... 18
1.4 Durchsichtige Sprache ... 21

2. Den Blick „systemisch" und „konstruktivistisch" einstellen ... 23
2.1 Systemische Perspektive ... 23
Theorie von Humansystemen ... 24
Das Subjektive des Objektiven ... 25
„Ich bin im Bild" – das ich mir mache ... 26
2.2 Intersubjektiver Vorgang ... 27
Emotionale Resonanzen ... 28
2.3 Perspektivenkoordination ... 29
Menschen als Mitmenschen ... 29
2.4 Von vier Wirklichkeiten ... 30
2.5 Vom anfänglichen Dissens zum Konsens über Wirklichkeit ... 31

3. Mediation im Modell ... 34
3.1 Das Modell ist keine Mediation ... 35
3.2 Unterscheide im Rollenpaar die Rollen ... 36
Komplementäre Rollen ... 38
3.3 Unterscheide System und Kontexte in Ko-Evolution ... 40
Personelle (informelle) Rollen ... 41

Kontexte im Geflecht formeller und informeller Rollen ... 42
3.4 Unterscheide Probleme und Konflikte ... 43
Vermittlung löst primär Probleme, nicht Konflikte ... 45
3.5 Zwei äußere und ein inneres Auge der Mediatrix ... 46

4. Ein System, das sich und seine Elemente selber erschafft ... 48
4.1 Drei autonome Systeme in einem ... 48
Organismus ... 49
Psyche ... 49
Autonomie ... 50
Soziales System ... 50
4.2 Was die Bildung des Vermittlungssystems auslöst ... 51
4.3 Ist ein Mediator „Herr des Verfahrens"? ... 52
4.4 Ein Fahrplan für Werden und Vergehen ... 54
4.5 Wo (k)ein Wille ist, da ist (k)ein Weg ... 56
Bildung eines Willenssystems (1. Phase) ... 56
Unterschiede wahrnehmen, aushalten und zu verstehen versuchen (3. Phase) ... 59
4.6 Erkennen und Anerkennen von unterschiedlichen Perspektiven ... 60

5. Das autonome Kommunikationssystem ... 65
5.1 Kommunikation, Information, Instruktion ... 65
5.2 Von der Unmöglichkeit, nicht zu kommunizieren ... 66
Kommunikation, ein Fluss mit drei Strömungen ... 67
Deutung, Bedeutung und Missdeutung ... 68
Konsonanzen und Dissonanzen der drei Sprachen ... 69
5.3 Das soziale System besteht und entsteht aus Kommunikationen ... 70
Mediation als fokussierte Kommunikation im abgegrenzten System ... 71
Kommunikationen als autonomes Gewebe ... 72
5.4 Gegenwart der Kommunikation ... 74
5.5 Die rechte Zeit ... 75
5.6 Selbstauflösung zur „rechten Zeit" ... 76

6. Verstehen vermitteln ... 77
6.1 Von Mensch zu Mensch ... 77
Menschenverstand ... 77
Sachverstand ... 78
6.2 Verstehen verstehen ... 79
„Hermetik des Anderen" –
Der Andere, das unbekannte Wesen ... 79
„Hermeneutik des Anderen" im Dialog ... 81
6.3 Vermitteltes Verstehen und verstehendes Vermitteln ... 84

7. Mediation – Demokratie und „freier" Markt ... 86
7.1 Demokratie und Marktwirtschaft
als Umfeld der Vermittlung ... 86
Demokratie und Mediation, Mediation
als Demokratie ... 87
7.2 Demokratie und Mediation als Willenssysteme ... 89
7.3 „Freier" Markt, Demokratie und Mediation
in widersprüchlicher Spannung ... 92

8. Implizites Ethos und explizite Ethik ... 97
8.1 Versuch einer Themenklärung ... 97
Ethos ist keine Ethik ... 98
8.2 „Implizites Ethos" ... 99
Ethik ist kein Ethos ... 100
8.3 Ethos der Kommunikation ... 101
Implizites Ethos des Mediators ... 102
Ethos im Kontext ... 103
8.4 Ehre und Würde ... 104
8.5 Vermittlung, Macht, Gerechtigkeit ... 106

Mitten unter uns Menschen ... 108

Literatur ... 112
Verwendete Literatur ... 112
Weiterführende Literatur in kleiner Auswahl ... 114
Zeitschriften ... 115

Über den Autor ... 116

In was eingeführt wird

Diese *Systemisch-konstruktivistische Einführung in Mediation* führt ein *Modell* aus. Als „systemisch“ ist sie den Sozial- und Kommunikationswissenschaften zugeordnet. Konstruiert wird sie mit der „konstruktivistischen“ Vorannahme, dass Laien, Professionelle vom Fach und Wissenschaftler ebenso wie an Vermittlung Teilnehmende jeweils ihre eigenen *Bilder* von sich, anderen Menschen und der Welt entwerfen. Bilder machen ihre Wirklichkeit aus (Konstruktivismus). Nur verschaffen sie ihnen keine Gewissheit darüber, ob diese unabhängig davon auch so ausschaut, wie man sie anschaut.

Es geht um Bescheideneres: Wir sehen die Wirklichkeit nicht so, wie sie *an sich* ist, wenn keiner sie sieht, sondern sie ist *für uns* so, wie wir sie sehen. Vorstellung und Wirklichkeit lassen sich nicht trennen. Wir handeln der vorgestellten Wirklichkeit entsprechend.

Der Autor modelliert die Mediation so, wie er sie zurzeit sieht. Das kann sich aus theoretischen und praktischen Gründen wieder ändern. Nach seiner Sichtweise, deren praktische Folgen eher beiläufig erwähnt werden, ist Mediation nicht *etwas* – es sind Menschen im *Ereignis eines intersubjektiven Geschehens*, das als Gemeinschaftswerk aller entsteht, sich entwickelt, gelingt oder entgleist; und wieder vergeht. Alle weben ihre Lebenswelt (ihren Kontext) hinein. Da sie nicht austauschbar sind, ist keine Mediation gleich wie die andere. Konkrete Ereignisse sind einmalig und können nur in *Modellen* – also nur abstrakt – nachgestellt werden. So gesehen, bleiben auch Praxisbücher Theorie.

Die Vokabel „systemisch“ ist nicht überall geläufig und ihr Gebrauch bis zur Unkenntlichkeit vieldeutig. Wer den Blick auf Mediation systemisch einstellt, konstruiert sie als System von Teilnehmenden, deren *wechselseitiger* Umgang und *wechselseitiges* Handeln als ein zusammenhängendes Ganzes gesehen wird. Eine Einwegstraße („lineare Kausalität“), wonach eines sich aus dem andern ergibt, entspricht diesem Denkmodell nicht, wohl aber ein zirkuläres Hin und Her, wonach das, was A tut, B in seinem Tun mitbestimmt, was wieder auf A zurückwirkt („zirkuläre Kausalität“), und so immer weiter.[1]

Wenn es gelingt, die systemisch-konstruktivistischen Vorannahmen und ihre Ableitungen verständlich zu machen, werden Parallelen zur Mediation aufscheinen: Auch dort legen Mediatoren und Beteiligte ihre Vorannahmen offen, auf welchen ihre unterschiedlichen Sichtweisen, Positionen, Forderungen, Erwartungen, Befürchtungen, Interessen basieren, und legen so den Grund für eine Verständigung. Die „Logik“ der Einen wird für die Andern nachvollziehbar – allerdings mit der Einschränkung, *sofern man es denn will.* Der Mediation geht es nicht um „die“ Wahrheit, sondern um *Koordination verschiedener Wahrheiten.* Konstruktivistisch geriete man in die eigene Falle, würde man sagen, die Dinge seien, losgelöst (ab-solut) vom eigenen Konstrukt, so oder so. Ebenso wäre es paradox, als Mediator recht haben zu wollen.

Systemisch werden Einheiten nicht in isolierte Teile zerlegt, sondern als Verbund, eben als ein System, begriffen. Als solches ist das System auch von seinem Umfeld (Kontext) abgegrenzt, aber nicht unabhängig. Deshalb kann Mediation nicht vakuumverpackt irgendwo für alle Welt versandbereit gemacht werden. Deshalb wird sich der Blick denn auch auf geschichtliche,

1 Abkürzungen: M für Mediatrix, Mediator und Mediation, A, B … für die Hauptpersonen, die zu ihnen kommen.

gesellschaftliche, politische und andere Bezüge ausweiten – und gleichzeitig auf Europa beschränken.

Im Aufbau reihen sich im Text ineinander verwobene Versuche aneinander. Eine musikalische Metapher möge als Lesehilfe dienen: Das Thema wird in Variationen und Fugen durchgespielt. Die Partitur trägt die humanphilosophische Notenschrift des Verfassers.

1. Wörter, Begriffe, Geschichte

> „Zu diesem Schritt gehört, dass wir die Ideen oder Begriffe, auf die es ankommt, *zum Thema machen*, statt [...] nur mit ihnen zu *hantieren* [...]. Ideen oder Begriffe erschließen sich in *Wörtern* oder, besser: in *Worten* [...]. Es geht darum, Wörter *in Aktion* zu betrachten."
> (Bieri 2006, S. 29; Hervorh. im Orig.)

Um die geschichtlich alte Mediation herum bestehen begriffliche Unschärfen, historische Lücken, Täuschungen, sorgsam gepflegte Vorurteile, marktwirtschaftliches Gerangel und Streit der Fakultäten. Sprachliche Klärungen vorab dürften deshalb von Nutzen sein.

1.1 Mediatrix und Mediator

Die lateinischen Namen für vermittelnde Personen, *mediatrix* und *mediator*, sind seit über 2000 Jahren im Gebrauch, die griechischen, weiblich *mesitis*, männlich *mesitaes*, schon länger. In beiden Sprachen steckt als Kern der Wörter die „Mitte", griech. *mesos*, im Lateinischen repräsentiert durch *medium* (Substantiv) und *medius* (Adjektiv). Das, was Vermittler tun *(mediare, mesiteuein)*, wird auch im Deutschen direkt oder umschreibend mit Mitte in Zusammenhang gebracht: Vermittlerinnen gehen in die Mitte, dazwischen, verbinden im Gespräch, rücken Verständigung und Einigung ins Zentrum, versöhnen, dolmetschen.

Die sprachliche Nähe zu Vermittlern als „Medien" mit „medialen" Fähigkeiten mag zwar exoterisch Orientierten das esoterische Grausen einjagen. Sie können sich aufklären lassen, wie wenig das sein muss, wenn sie im *Selbstversuch* von Sloterdijk (1996) nachlesen, was er über den Verbrauch der Wörter „Medien“ und „medial“ für die Apparate in Medienwelt und Kommunikationsindustrie sagt. Die Menschen seien von sich aus „Mittelsmenschen“ (Medien), die Botschaften abgeben, ja selber sind, und er bedauert, dass diese anthropologische Selbstverständlichkeit in die esoterische Ecke entsorgt wird, was auch der Mediation immer noch passiert. Das Wort hat nur ein „t“ weniger als Meditation. Dafür haben beide den gleichen Wortstamm: Medium – Mitte, Zentrum.

Wenn damit ernst gemacht wird, dass Menschen nicht *nicht* kommunizieren können, bildet das Mediale des Menschseins die Grundlage dafür, dass mitten unter Menschen überhaupt etwas passiert und keiner sich unbefristet im eigenen Gehäuse gefangen setzen kann.

Je nach Sprache und Kultur hatte und hat eine Mediatrix viele Funktionen. In Platons Schriften versöhnt sie zerstrittene Paare, wenn das nicht gelingt, hilft sie bei der Trennung, um schließlich zur Heiratsagentin zu werden, die das nächste Mal für bessere Partner sorgt. In italienischen Romanen ist der *mediatore* einerseits Kuppler in Liebensdingen neben der und für die Ehe. Am Hafen und auf Märkten stellt er sich andererseits Händlern und ihren Kunden als *mediatore del mercato* zur Verfügung, wenn sie sich nicht auf die Preise einigen können. (Mehr zur Terminologie: Duss-von Werdt 2005a, S. 26 ff.; von Sinner 2005, S. 19 ff., 2006, S. 197 ff.)

1.2 Blitzlichter in die lange Geschichte des neuen Alten

Dass Mediation prähistorisch ist, kann als wahrscheinlich gelten, weil es Konflikte und Probleme bereits gab, bevor die menschliche Geschichte, bevorzugt als Kriegsgeschichte, begann. Mit Konflikten gewalttätig umzugehen ist bis heute Alltag. Aber um auf Ideen zu kommen, wie es auch anders ginge, musste nicht das 20. Jahrhundert abgewartet werden. Dafür gibt es Belege. Das 21. Jahrhundert begann mit einer neobarbarischen Welle von Kriegen, die gleichzeitig zur lukrativen Unterhaltung geworden sind (Simon 2004, S. 258–267). Friede ist dagegen geradezu langweilig. Die richtigen Kerle wurden schon früher den Softies vorgezogen, Vermittler hingegen verschwiegen oder als Gutmenschen belächelt. Im 17. Jahrhundert berichtet ein Diplomat über die Mediatoren des Westfälischen Friedens, dass sie „viel Mühe, wenig Erfolg und noch weniger Ehre hatten. Ihre Absichten waren gut, aber überall stießen sie auf Härten, welche die stärksten Argumente der Welt nicht aufweichen konnten" (Duss-von Werdt 2005b, S. 71). Dass mit dem Feind zu reden Schwäche und Gesichtsverlust bedeutet, wird immer noch zum Kriegsgrund. In abgeschwächter Form treibt der gleiche Grund viele von einer Gerichtsinstanz zur andern, bis es keine weitere mehr gibt.

Sicher ist, dass es Menschen, die vermittelnd dachten und handelten, *vor* der „Mediation" als Disziplin schon gab. Zum Fach wurde sie erst seit ungefähr 1960 und wurde dann auch gleich marktgerecht zum „Produkt", zur „Methode" und zur „Technik", in welcher man sich ausbilden (lassen) kann.

Aus der Wortgeschichte kann geschlossen werden, dass über Jahrhunderte hinweg auch Praxis vorhanden war. Dafür ein paar Beispiele.

Ludwig II., der Deutsche (gest. 876), nannte sich *mediator privatus*, als er in seiner zerstrittenen Sippe gleichzeitig als Familienoberhaupt und Kaiser politisch und privat und vermittelnd tätig war (Kamp 2001, S. 89). Politische Mediation mit dem Ziel, Kriege zu verhindern oder zu beenden, ist wohl die älteste Form. Auch heute spricht man von vorbeugender und reparativer Mediation, nicht nur bei Kriegen, sondern auch bei Familien- und Arbeitskonflikten, Mobbing, Konflikten von Jugendgruppen in Vorstädten, interkulturellen Spannungen und so fort.

Das Ansinnen, den Hundertjährigen Krieg kurz nach seinem Ausbruch doch noch zu stoppen, geht aus einem Dokument von 1339 hervor. Papst Benedikt XII. möge selber oder durch Vertreter zwischen dem englischen Eduard III. und dem französischen Philipp IV. vermitteln (lassen) (ebd., S. 264). Dabei wurden Unterschiede bezüglich Personen und Rollen gemacht, welche später wieder verlorengingen. Man wollte nämlich keinen Richter (iudex) noch Schiedsrichter (arbiter), sondern Vermittler (mediatores) und Freunde (amici) beider Seiten, welche „außergerichtlich" (extraiudicialiter) zur Verfügung stehen. Ein gemeinsamer Freund nimmt nicht Partei, sondern ist beiden gegenüber offen und wohlwollend – neutral, wie man heute sagt. Ob damals daraus etwas geworden ist, wissen wir nicht, wohl aber, dass der Krieg 100 Jahre alt wurde.

Von 1643–48 vermittelten im westfälischen Münster der venezianische Diplomat Alvise Contarini und der päpstliche Legat Fabio Gighi den Friedensvertrag nach dem Dreißigjährigen Krieg. Ab dann beschäftigten sich vorerst Philosophen und Theologen, später auch Juristen bis ins 20. Jahrhundert hinein damit, der Mediation einen festen und verbindlichen Platz im internationalen Recht zu verschaffen. Meistens war dennoch Krieg, und keiner ging in die Vermittlung. Das bis jetzt von immer mehr Staaten ratifizierte Abkommen der Friedenskonferenz von 1907 in Den Haag empfiehlt ihnen, Mediation als Instrument des Friedens zu benutzen, allerdings mit einer wenig verbindlichen Empfehlung.

Seit dem 17. Jahrhundert werden in der Literatur andere Bereiche (z. B. Nachbarschaft, Wirtschaft, Familie) thematisiert. Auch Ansätze für die heute am häufigsten praktizierte Familienmediation findet man seit der Entwicklung ziviler Familien- und Scheidungsgesetze im 18. Jahrhundert vor allem in Frankreich. In Schwung gekommen sind sie jedoch erst im letzten Jahrhundert, zunächst in den USA, um ab circa 1960 in die europäische Ursprungskultur zurückzufinden. Die europäische Vermittlung wurzelt in der Aufklärung des 17. und 18. Jahrhunderts und in der Demokratie als der politischen Gestalt der Aufklärung. Vor der Französischen Revolution trug die deutsche Natur- und Rechtsphilosophie zur ihrer Vorbereitung und Verbreitung viel bei. Christian Wolff (1679–1754) und Samuel von Pufendorf (1632–1694) beschäftigten sich dabei ausführlich mit Mediation oder „Vermittelung".

1.3 Begriffe und ihre Kontexte

Begriffe haben und machen Geschichte, in der sich ihr geografischer und kultureller Kontext als Bedeutungs- und Verstehenshorizont stetig wandelt. Auch jetzt ist es nicht anders, nur geschieht es im Raffer der Zeit. In 0,23 Sekunden verzeichnet *Google* (2.1.2008) zu „Mediation" 451 000, zu „systemisch" 661 000 (in 0,35 Sekunden) „Auftritte" allein in deutscher Sprache.

Definitionen als Ein- und Ausschluss

Eine Definition markiert *Grenzen* zwischen dem Hüben und Drüben benachbarter Bereiche, schließt also ein und aus. Die Antwort auf die Frage, „Was genau ist Mediation?", beginnt auf einer Website so: „Keine [Definition] kann alle Aspekte dieses Verfahrens berücksichtigen. Hier die meine ..." Dann wird ein „Verfahren" vorgestellt, welches im Bereich von Recht und Rechtsprechung liegt, als „außergerichtlich" oder als „alternativ", „gerichtsnah" oder „gerichtsintegriert" bezeichnet wird. Sein Kontext ist also immer das Recht. Das hat Konsequenzen: Vermittelnde Anwälte reden wie in einem kontradiktorischen Verfahren weiterhin von „Parteien" und „Mandanten", was insofern verwirrt, als eine Mediatrix, die auch Anwältin ist, nicht gleichzeitig beides sein kann. Sie übernimmt als Mediatrix kein juristisches Mandat, macht keine Vorschläge, sucht keine Lösungen und entscheidet nichts. Ihre Gesprächspartner beschaffen sich die nötigen Informationen selber. In der oben zitierten Sicht jedoch „verschwindet" die Vermittlung im Juristischen („Verrechtlichung").

Dass M „neutral" sei, bekommt seinen Sinn auch nur im rechtlichen Umfeld. Ein Parteienanwalt, der nur dann professionell handelt, wenn er für seine Mandantin Partei ergreift, sie vertritt und verteidigt, kann und darf nicht neutral sein. In der Vermittlung hingegen ergreift auch er für niemanden Partei und hat keine Parteien vor sich, weshalb es eindeutiger wäre, ihn unparteilich oder unparteiisch zu nennen, nicht aber neutral. Später werden erkenntnistheoretische Überlegungen nahelegen, dass Neutralität für Vermittler sowieso kein geeignetes Konzept ist. Der Ausdruck suggeriert, es sei eine Haltung ohne Meinung und eine Stellungnahme ohne Einstellung möglich. Wer kann glaubwürdig neutral Mediation praktizieren, welche ja doch Stellung nimmt für die gemeinsame Einigung gegen den Streit, für den Dialog statt den Kampf und entsprechende Werte vertritt?

Durch die (berufspolitisch motivierte?) Eingemeindung der Mediation in den Juristenberuf sehen sich andere Berufe herausgefordert, welche sich möglichst vom Juristischen und Justiziellen fernhalten möchten. Sie machen u. a. geltend, es gehe um Beratung, Coaching, sogar Therapie, weshalb zur Systemtherapie mit Paaren und Familien durchlässige oder gar keine Grenzen bestünden. Es gilt die Reihenfolge: zuerst Therapie, dann Vermittlung, zuerst Ordnung in der Beziehung und in sich selber, dann erst in den äußeren Angelegenheiten. Hier droht das Gebiet ebenfalls unterzugehen („Psychologisierung"), und es wird nicht klar, was es denn für sich sei. Könnte nicht auch zwischen den Professionen eine Vermittlung stattfinden, damit gegenseitiges Verständnis für die jeweiligen Interessen und Bedürfnisse (z. B. den gewaltfreieren Umgang im eigenen Beruf, demokratische Verständigung, Prestige, Macht und Existenzsicherung, Therapiebedarf und Helferwillen) geweckt werde?

Dass es zwingende Gründe dafür gibt, bereits einen bestimmten Beruf haben zu müssen, bevor man professioneller Mediator wird, ist fraglich. Ob daraus jemals ein eigenständiger Beruf wird, bleibe offen. Schon jetzt ist Vermittlung eigentlich nicht Sache von Juristen, Psychologen, Therapeuten, Philosophen oder Managern, sondern von Vermittlern. Auch der Vorteil der Ko-Mediation liegt nicht in erster Linie darin, dass zwei oder mehr Berufe sich zusammentun, nur weil jeder von seinem Fach her etwas beiträgt. Sie sind alle vom gleichen Fach. Das andere Geschlecht und die Unterschiede in den Personen sind da wichtiger und können Synergien erzeugen, die Vorteile bergen (können, nicht müssen). Diese berufspolitischen Themen werden wahrscheinlich noch lange kontrovers bleiben.

Marken- und Marktzeichen in einer bewirtschafteten Welt

Im Zuge der Ökonomisierung aller Bereiche sowie des Marketing- und Managementdenkens wird auch Mediation vermarktet. Dafür wird mit attraktiven Slogans geworben, zum Beispiel mit dem Versprechen, sie sei *Konfliktlösung*. Geht man dabei optimistisch von der Annahme aus, Konflikte seien generell lösbar, oder ist man pessimistisch genug zu sehen, es seien ihrer zu viele, und es sollten deshalb mindestens einige verschwinden?

Wirksame Werbung offenbart nicht nur, sie verbirgt gleichzeitig, so dass sie Illusionen erzeugt. Ob nämlich selbst nach gelungener Vermittlung die Konflikte weg sind, muss auf Grund empirisch gewonnener Daten für die Scheidungsmediation bezweifelt werden. 96 % der Paare gehen trotzdem endgültig auseinander, auch wenn angenommen werden darf, es seien einige darunter gewesen, die gehofft hatten, sich wiederzufinden (Stierlin u. Duss-von Werdt 2003, S. 421). Wären die Paarkonflikte gelöst, müssten es mehr als 4 % sein. Hingegen bestätigen Paare, sie hätten nun gelernt, die Konflikte anders anzugehen.

Weniger vollmundig wird geworben, wenn Vermittlung als „geordneter, konstruktiver Umgang mit Konflikten" oder als ein „Konflikte dämmendes Verfahren zwischen Kontrahenten" angeboten wird. Das lässt offen, ob sie weiterbestehen, aber immerhin nicht mehr so zerstörerisch ausgetragen werden wie bisher. Das wäre schon viel. Marktsprache bewegt sich zwischen Schlagwörtern, die eine Sache gleichsam zuhämmern, und einer Ideologie, welche die Wörter ihres Erfahrungsgehalts und damit des begründeten Gebrauchs entledigen.

In der Art, wie M die Mediation erklärt, definiert sie gleichzeitig die eigene Rolle. Ist Mediation „Konfliktvermittlungsstrategie", wird sie dann zur Sache von Strategen, ohne dass man schon weiß, welchem Generalstab sie angehören und um welche Kriege – Wirtschaftskriege, Rosenkriege, Ausgrenzungskriege bei Mobbing oder im Flüchtlingsbereich – es gehe? Oder werden da sogar taktisch geschickt Konflikte an Interessenten vermittelt?

Machbarkeit und Technokratie bilden weitere Bezugspunkte, wenn Vermittlung als *(die)* Methode gilt, welche über die nötigen „Techniken" verfügt, um Konflikte zu lösen und zu beruhigen. Der Griff nach Techniken verschleiert die Frage, ob diese nun auf Menschen oder Menschen auf sie angewendet werden, was allerdings auf das Gleiche hinauslaufen dürfte. Passen Techniken denn zum vermittelnden oder überhaupt zum Umgang mit Menschen? Sind sie Apparate (nach Förster „triviale Maschinen"), die auf diese Weise wieder zum Funktionieren gebracht werden können? Für die Praxis ganz nützliches technisches Gerät gibt es zum Beispiel als Videos, Flipchart, Powerpoint, Laptop, Moderatorenkoffer oder Kreide für die Wandtafel.

In der Vokabel „Konflikt*management*" stecken Hand *(manus)* und Agieren *(agere)*. Ist das nun eine opportunistische Anbiederung, wonach Konflikte, wie vieles andere auch, gehandhabt (gemanagt) oder behandelt werden können, wie es die Formel „Verfahren der Konfliktbehandlung" nahelegt? Lassen sich Konflikte von Personen abtrennen und wie Dinge managen? Wenn Menschen, Konflikte, Probleme, Aktien, Sachen, Events, Waffen, Drogen gemanagt werden, verblassen dann nicht in absteigender Linie die Unterschiede zwischen Menschen, Dingen, Sachen, Waren, Konsumgütern, Abfällen?

Wenn M die Konflikte von A und B aus der ihren in seine Hand nimmt, ist das nicht Mediation, weil er sie ihnen wegnimmt. Nach gängigem Mediationsverständnis sind und bleiben sie selber Mitautoren und Miteigentümer ihrer Konflikte und Probleme.

Auch im Ausdruck vom *„neuen Führungsinstrument"* liegt ein Missverständnis vor. Aus welchen Welten stammen die drei Wörter neu, Führung, Instrument? „Neu" ersetzt hier wahrscheinlich „alt", was historisch für die Mediation nicht zutrifft. Werbemäßig besteht häufig eine parallele Steigerung von „neu, neuer, am neuesten" und „gut, besser, am besten". Da jedoch Neues immer schneller altert, wird es bald noch Neueres brauchen, weil nur das Neueste gut ist. „Führung" schließlich setzt vertikale Strukturen von oben und unten und umgekehrt voraus, was nicht zur Idee passt, Mediation sei demokratisch und horizontal – da alle Beteiligten gleichermaßen Rechte, Pflichte und Verantwortung für das Ganze haben sowie frei in ihrer Meinung und deren Äußerung sind. Wird schließlich als „Instrument" in der Hand der Führung Vermittlung nicht instrumentalisiert und enteignet die Beteiligten samt dem Mediator, falls er den Auftrag von oben übernimmt, der „Selbstführung" und Unabhängigkeit? Diente Mediation bloß dazu, Mitarbeitern, Bürgerinnen, Parteimitgliedern und so weiter gnädig ein

„geneigtes Ohr" zu leihen, ihnen jedoch die Selbst- und Mitbestimmung zu versagen, würde sie zum Machtinstrument in fremder Hand, was wiederum ihrem Ziel widerspräche, seiner selbst mächtig zu und in diesem Sinne eigenmächtig (nicht selbstherrlich) zu handeln.

Übernimmt sich schließlich nicht auch die *Win-win-Lösung*? Wer wünschte sich nicht, dass er gewinne? Nur geht das aus Erfahrung selten gratis und ohne Verzichte, welche oft mühsam als der Preis des angemessenen Gewinnes ausgehandelt und geleistet werden müssen. Gewonnen wird am ehesten, wenn Verlust und Gewinn, Geben und Bekommen (nicht Nehmen!) in ein ausgeglichenes Verhältnis gelangen. Solches zu verschweigen erscheint mir mit Betonung des zweckoptimistischen Win-win nicht lauter genug, weil ein Kennzeichen der Mediation fehlt, die *Transparenz*. Weder Pessimisten noch Optimisten sind immer auf der Höhe der Realität.

1.4 Durchsichtige Sprache

Diese gar nicht „neutralen" Anmerkungen wiesen auf Gefahren einer Ideologisierung und Maßlosigkeit der Fachsprache hin, nicht nur, wenn sie in Werbung umgesetzt wird. Einiges vorwegnehmend, denke ich da an Hauptwörter wie *Freiwilligkeit* der Teilnahme, *Neutralität* der Vermittler, volle *Informiertheit* der Beteiligten. Solche Vokabeln vertreten eine in sich durchaus kohärente Logik von Ideen, missraten aber rasch zu Ideologien. An der Erfahrung vorbeigesprochen, hantiert man nur noch mit ihnen, wie Peter Bieri am Eingang dieses Kapitels sagt. Sie sind keine „Wörter *in Aktion*, kein Ankerplatz, wenn man Begriffen auf den Grund gehen will. Die Logik ihrer Verwendung ist Ausgangspunkt und Beleg für die Dinge, die wir über eine Idee, wie zum Beispiel die Idee der Freiheit, sagen. Unsere sprachliche Sensibilität ist ein guter, wenn auch nicht unfehlbarer Führer, wenn es darum geht, über Ideen Klarheit zu finden“ (Bieri 2006, S. 29 f.; Hervorh. im Orig.).

Damit wird das sprachliche Babel mit dem Vorsatz verlassen, selber eine Menschen und ihren Sachen angemessene Sprache zu sprechen.

Das zu sagen geht jedoch auch einem systemisch Orientierten nicht leicht über die Lippen, falls auch ihn die eigene Fachsprache und die Assoziationen, welche sie auslöst, nicht sonderlich zufrieden machen. Schon „System“ ist ein belasteter und diffuser Ausdruck, nahe an „politischem Zwangssystem und Repression“. Es lässt auch an Pedanterie, Systemmechanik für dysfunktionale Gruppen und Familien sowie an Manipulation denken. Der Markt kennt systemimmanente Regeln, deren Auswirkungen dem gesellschaftlichen System nicht nur fremd, sondern für es verheerend sind, wenn man z. B. auf das Börsenmonopoly schaut. Daneben weckt der Zustand des „Ökosystems“ zusätzliche Ideen, Ängste und Prognosen. Um mindestens hier die Konfusion klein zu halten, soll schrittweise geklärt werden, was „System“ und das Kunstwort „systemisch“ im Zusammenhang mit Mediation hergeben. Und das ist doch eine ganze Menge.

2. Den Blick „systemisch" und „konstruktivistisch" einstellen

„Alles andere ist Meinung."

(Demokrit)

Dass es um jeden von uns herum andere und anderes gibt, wissen wir mit der Gewissheit leidvoller, angenehmer, bedrohlicher, beruhigender und anderer Erfahrungen, deren Fluss nie versiegt. „Alles andere ist Meinung", Ansichtssache, auch wenn daraus Überzeugungen, Glaubenssachen werden, zu denen manche auch andere verpflichten wollen. Die Mediation rehabilitiert die *Meinung*, die sonst nicht den besten Ruf hat – besonders wenn es die eines andern ist. Sie ist sogar ein demokratisches Grundrecht, gerade weil es eine Meinung ist: Jede und jeder kann sie frei äußern, damit die andern sich damit befassen. Solange sie nicht zur Wahrheit erklärt wird, ist sie auch nicht gewalttätig, lässt sich diskutieren, kann einen Erkenntniszuwachs für alle fördern. Mit der Meinung zusammen werden das Subjekt und seine Erfahrungen rehabilitiert.

2.1 Systemische Perspektive

Je nachdem, auf *wen* jemand schaut – also *je nach wem* –, wählt er aus und lässt weg. Dasselbe passiert, *je nach dem*, auf *was* er schaut, wie das vorherige Kapitel bereits anschaulich machte. Der systemische Blick ist nicht so „ganzheitlich", wie man es ihm nachsagt, sondern ebenso *perspektivisch*, absichtlich (intentional) oder nicht auf etwas Bestimmtes gerichtet, anderes gleichzeitig auslassend. Dass zum Beispiel *im* Menschen ständig etwas vorgeht, verneint er zwar nicht, aber systemisch er befasst sich mehr damit, was *zwischen* Menschen passiert.

Die totale Rundumsicht, alles gleichzeitig „auf einen Blick“ zu sehen, ist kein menschliches Maß, und wer sie zu haben beansprucht, hat einen verdächtigen Hang zum Totalitären. Statt Gegenstand des Wahrnehmens und Denkens sein zu können, bildet das Ganze systemisch den endlosen Horizont der Erfahrung, Wahrnehmung und Erkundung. Selber Teil des Ganzen, ist der Mensch nicht alles, steht jedoch deswegen mit anderen Teilen in Wechselwirkung und bildet mit ihnen größere oder kleinere Systeme (griech. *systema* = Zusammenstellung von Elementen zu einem übergeordneten Gebilde, das mehr ist als ihre Summe).

Theorie von Humansystemen

Seit den 30er Jahren des letzten Jahrhunderts wurden zunächst naturwissenschaftlich (z. B. biologisch), dann wirtschaftstheoretisch (Spieltheorie), später psychologisch-therapeutisch (Systemtherapie) und soziologisch (Luhmann u. a.) „spezielle Systemtheorien“ entwickelt. Ähnlich wie Einstein mit der allgemeinen und der speziellen Relativitätstheorie bemühten sich einige um eine „allgemeine Systemtheorie“ (General Systems Theory), welche aus Sorge um ihre Einheit den sich ständig vermehrenden Einzelwissenschaften eine gemeinsame Basis geben sollte. In den 70er Jahren hat sich nicht nur ihre Anwendung auf weitere Gebiete, sondern auch ihre erkenntnistheoretische (epistemologische) Ausrichtung geändert. Der erkenntnistheoretische *Konstruktivismus* brachte die Wende vom (unkritischen, naiven) Realismus und voraussetzungslosen Objektivismus hin zur Einführung des Subjekts und seiner Einheit mit den von ihm geschaffenen Objekten auch in die (wissenschaftliche) Erkenntnis. (Subjekt: lat. *subicere* = „darunter, als Grund, liegen“; subiectum = „aktives Zentrum“; Objekt: *obicere* = „sich entgegenstellen; „gegenüber, ‚gegen-ständlich', vergegenständlicht sein".)

Diese Einführung ist ein Beitrag zur „speziellen Systemtheorie der Mediation" als Teil der Sozialwissenschaft im Bereich der Kommunikation. Ihr Schwerpunkt liegt somit im Humansystemischen. Es sind Menschen, welche das Vermittlungssystem herstellen, das hier in einer konstruktivistischen Optik betrachtet wird.

Das Subjektive des Objektiven

Machen wir mit dem erkenntnistheoretischen Training gleich weiter. Unsere Erkenntnis beschreibt nicht leere Blätter, sondern überschreibt laufend schon beschriebene. Wir gehen dabei auch von Vorannahmen aus, die kaum je überprüft werden. Die Wissenschaft tut es, wenn sie von unbelebter Materie oder davon spricht, alles werde einmal erklärbar sein oder wirklich sei nur, was sich beweisen lässt. Ideologien tun es ebenso (Mediation ist neu und neutral), wie Vorurteile („Alle Schweizer sind konservativ") usf. Je nachdem, welche Vorannahme jeweils als „Hypo-These" (*hypo* = „darunter"; *thesis* = „Setzung, Annahme") zu Grunde liegt, werden die theoretischen und praktischen Schlüsse ausfallen.

Systemiker der ersten Stunde standen in der Tradition der Annahme, es gebe da draußen Systeme ebenso wie Dinge, Bäume, Familienstrukturen. Wirklichkeit und Vorstellung ließen sich klar unterscheiden, und das im Glauben, auch Systeme seien so erfassbar, wie sie „in Wirklichkeit" (an sich, nicht nur für jemanden) sind. Diese unkritische Sicht fiel vom Podest, als die begründbare Meinung aufkam, das erkennende Subjekt finde sich im Erkannten wieder (Erkenntnis sei anthropomorph): Etwas erkennend, erkennt sich das Subjekt selber und beschreibt sich mit. Es und seine Objekte sind eins und erhellen sich gegenseitig. Das Objektive wird zum subjektiv

Ver-gegen-ständlichten, *Objektivierten*. Wo und wie es als „Gegenstand“ heraustritt, geortet und abgegrenzt wird, hängt davon ab, wie ein Subjekt „*etwas* ins Auge fasst“ und was es dabei auslässt. Seine Perspektive kann weit, eng, tief oder oberflächlich sein, analytisch ins Detail gehen oder systemisch auf Zusammenhänge (Synthesen) sehen und über die Grenzen seines Gegenstands hinaus sein Umfeld (den Kontext) einbeziehen.

„Ich bin im Bild“ – das ich mir mache

Menschen in der Mediation treten über Bilder, Erfahrungen und Emotionen miteinander in Kontakt. Anders gesagt: Sie vergegenständlichen sich füreinander in Gefühlen, Bildern, Vor-Urteilen, Bewertungen, die bei jedem subjektiv auf ihn selber bezogen (rekursiv) sind und zu ihm gehören.

Wer unkritisch von der Annahme ausgeht, er könne wissen, wie jemand oder etwas *an sich* und nicht nur subjektiv sei, sieht sich offenbar selber wie ein Aufnahmegerät, welches punktgenau festhält, was und wie etwas wirklich sei. Das Heikle daran ist nur, dass ein solches Gerät die Wahrnehmungs- und Erkenntnisfähigkeit seines Erfinders gleichsam verlängert und selber nichts erkennt als das, was aus ihm herausgeholt wird. Mit Infrarot kommt nachts anderes zum Vorschein als bei Tag, doch kann man – scheinbar – davon ausgehen, das jetzt Helle sei auch nachts da.

Wenn A sich mit B befasst, wird dieser sein „Gegenstand“. Wenn er zu B sagt: „Du bist wunderbar ..., furchtbar ... Ich weiß genau, was du denkst ... Auf Grund meiner Befunde bist du psychisch krank u. a.“, sagt er mehr über sich als über B aus. Behauptet er stur und fest, es sei so, wird B von A beschlagnahmt. Falls B sich dagegen wehrt und A stur dabei bleibt, B sei „tatsächlich“ so, wird er geistig und psychisch sogar tätlich gegen B, und es beginnt ein Machtkampf um Wirklichkeit und

Wahrheit, der sogar in äußerer Gewalt ausgetragen werden kann.

Solches passiert ständig in der Mediation und anderswo. Wenn A und B etwas unterschiedlich sehen, jeder aber behauptet, des anderen Sichtweise stimme nicht, ist der Streit programmiert.

Wir stellen täglich ganze Bilderbücher über unsere Wirklichkeiten her. Es geht nicht ohne. Vergegenständlichung in Bildern sowie Empfindungen bringen zwischen uns etwas in Gang, lösen gedanklich und gefühlsmäßig etwas aus. Es entsteht ein Kreislauf von Feedback zu Feedback. Wenn A zu B sagt, er behandle sie wie Dreck, entspricht dieses Feedback der Art und Weise, wie A sich B gegenüber erlebt. Gibt B symmetrisch zurück, wird A ihn kaum umarmen. Beide bringen sich als Subjekte zum Verschwinden und verrechnen sich wechselseitig in Objekte hinein: „Du *bist* ekelhaft. Ich kann dich nicht ausstehen." Ersetzt man jedoch das vergegenständlichende „Du bist" durch „*Ich* empfinde *dich* als ekelhaft", schließt sich ein Kreis vom Subjekt Ich zum Subjekt Du.

2.2 Intersubjektiver Vorgang

Wie A und B sich gegenseitig wahrnehmen, das ist ein *intersubjektiver* Vorgang, an dem beide beteiligt sind. Bleibt jeder starr bei seiner Position, dann versuchen sie, aus ihrer Intersubjektivität hinauszutreten, treten jedoch nur in eine andere ein, in Gegnerschaft, Feindschaft, Abstand. Verständigung kommt nicht auf, verhandelbar sind die Eindrücke, die jeder hat, nicht, sie gelten für sich. Ist M als Dritter dabei, wird auch er sich seine Bilder von A und B, und sie werden sich ihre von M machen.

Stellt M den Blick auf beide so ein, als seien sie voneinander unabhängig und nicht in zirkulärer Wechselbeziehung so, wie sie sich gegenseitig gerade geben, wird er entsprechend mit ihnen handeln. Er wird z. B. ihre Aussagen über das Gleiche unverbunden nebeneinanderstellen. Richtet sich sein Blick jedoch darauf, wie das Bild des *Einen* mit dem des *Anderen* (intersubjektiv) zusammenhängt, verbindet er beide zu einem System. Sie und er sind dann nicht mehr nur Subjekte, sondern *Intersubjekte*. Wie jeder zum anderen steht, ist von jedem anderen mitbestimmt. Sie und sich so intersubjektiv miteinander zu verbinden ist bereits Vermittlung. Das hat, wie jede Sichtweise, Folgen. Wenn z. B. A später von B, sagen wir, monatlich 1000 € verlangt, so geht es nicht darum, was diese Summe „objektiv“, sondern was sie intersubjektiv zwischen A und B bedeutet. Nicht was das Geld an sich, sondern was es in Bezug auf A und B bedeutet, ist von Belang.

Emotionale Resonanzen

Die aus vielfältiger Erfahrung geronnenen Bilder (Objektivierungen) lösen *emotionale Resonanzen* aus. Einfacher: Kontakte mit Menschen sind begleitet von Emotionen in allen möglichen (angenehmen, beklemmenden, wütenden, freudigen, anti- und sympathischen) Tönungen. Sie heften sich an Eindrücke, die wir dabei gewonnen haben, und haben ihrerseits ein gutes Gedächtnis. Da sagt etwa W zu Z: „Früher war ich in meine Frau total verknallt. Nun kann ich sie nicht mehr ausstehen. Da siehst du, wie Frauen sich ändern.“ Für ihn hat das offenbar mit ihm selbst gar nichts zu tun. Er dichtet es seiner Frau an, dass er sie nicht mehr ausstehen kann. Nur eben: Verknallt sein und Nicht-mehr-ausstehen-Können sind beides Veränderungen in ihrem Paarsystem, die sich bei W zu einem geronnenen Bild seiner Frau mit einer hohen emotionalen Sprengladung verfestigt haben.

Das Organ, auf Emotionen und ihre Wiedergabe von subjektiver Realität einzugehen, ist die *Einfühlung*. Man könnte sie „intelligente Empathie“ nennen, ohne die eine Verständigung zwischen Menschen auf der Strecke bleibt.

Fazit: Objektivität im unkritisch realistischen Sinn der „Dinghaftigkeit“ – „Du bist unabhängig von mir so und so“ – zwischen Menschen ist unmöglich. Auch M wird ganz und gar menschlich seine wechselnden Sympathien und Antipathien gegenüber A, B, X erleben. Zweifel und Vertrauen ihnen gegenüber werden mit von der Partie sein. Der Versuch, davon loskommen zu wollen ist eine unmenschliche Überforderung. Mit dieser systemischen Idee werden wir uns noch öfter beschäftigen. Denn für die Mediation ist es entscheidend, ob sie sich der Intersubjektivität zwischen den Beteiligten öffnet oder verschließt. Tut sie Letzteres, verpasst sie ihr Ziel.

2.3 Perspektivenkoordination

Was in dieser *Perspektive* für Subjekte gilt, ist auch für ihre Probleme und Verhandlungsgegenstände von Bedeutung, je nachdem, unter welcher Perspektive die Subjekte in der Vermittlung auch die Inhalte angehen. Bei Problemen und Konflikten tritt das Perspektivische der Sichtweisen als trennender Unterschied zwischen den Personen besonders deutlich hervor und strapaziert Verstand und Gefühl. Wie mit den Unterschieden umgegangen wird, ist in der Mediation ein Dauerbrenner. Es geht ja um nichts weniger als darum, ob aus Unterschieden eine gemeinsame Wirklichkeit zu konstruieren sei, an der alle Anteil haben, der alle zustimmen können, anders gesagt, ob sich die Unterschiede *koordinieren* lassen oder nicht.

Menschen als Mitmenschen

Wir befassen uns im Moment mit dem Menschenbild auf der Basis der Annahme, dass Menschen immer Mitmenschen sind, ob sie es wünschen oder nicht, ob sie sich mögen oder hassen.

Wie sie jeweils zueinander stehen, wird ihren Umgang miteinander (die gelebte Intersubjektivität) bestimmen. Wenn Thomas Hobbes in jedem den Wolf des andern sieht, verallgemeinert er zwar, aber weist darauf hin, dass das eine der Möglichkeiten sei, die mit- und zwischenmenschliche Beziehung auszuleben. Die unentrinnbare Mitmenschlichkeit hat unendlich viele Gestalten, und was aus ihr jeweils wird, entscheidet darüber, wie zusammen gelebt, gewirkt, gearbeitet wird oder nicht. Sind alle gegen alle, entsteht eine andere Dynamik, als wenn sie zusammenstehen. In der Vermittlung braucht es oft einen langen Anweg, bis die Dynamik von Verdrängungskampf, Konkurrenz, gehässiger Entwertung und Wettbewerb sich zu bewegen beginnt und sich ein gemeinsamer Wille in gleicher Richtung herausbildet.

Systemisches Herangehen verbindet Getrenntes zu Einheiten, Elemente zu Ganzheiten, schließt Gegensätze ein *(Sowohl-als-auch)*, statt sie nach der zweiwertigen Logik *(Entweder-oder)* auszuschließen. Es konzentriert sich auf die Gestaltung von „Zwischenräumen“ durch *Koordination* der zwischenmenschlichen Bezogenheit der Teilnehmenden mit ihren unterschiedlichen Positionen, damit daraus *Kooperation* entstehe. In einer individualistischen Gesellschaft läuft die Bewegung allerdings eher in die Gegenrichtung. Ihre momentane globale Ausrichtung hat eine starke Tendenz zum Gegen- und nicht zum Zu- und Miteinander. Was Menschen trennt, hat mehr Konjunktur, als was sie verbindet. Liegt darin vielleicht einer der Gründe, dass Mediation kein Renner ist?

2.4 Von vier Wirklichkeiten

Das hier systemisch Gedachte setzt erkenntnistheoretisch an: Wie entsteht Wirklichkeit zwischen Menschen?

Was ist in systemischer Sicht wirklich? Viererlei:

a) Dass für das reale Subjekt seine Vorstellungen des Realen als *seine Wirklichkeit* gelten, dürfte inzwischen klar sein. *Wirklichkeit wird nicht einfach zur Kenntnis genommen, sondern durch Wahrnehmen, Erfahren, Erleben und Bewusstmachen des Wahrgenommenen, Erfahrenen und Erlebten individuell und kollektiv hergestellt.*
b) Da Mitmenschsein den Menschen definiert, *konstruieren Menschen gegenseitig (intersubjektiv) ihre Wirklichkeit.* Sie werden durcheinander jene, die sie mit-, für-, gegeneinander und nie ohneeinander sind. In Paaren, Freundschaften, Arbeitsgruppen, doch auch in großen Systemen bis hin zu ganzen Zivilisationen machen sie sich gegenseitig zu denen, welche sie füreinander sind.
c) *Wirklich ist, was wirkt.* Vorstellungen und Meinungen sind ebenso wirksame Wirklichkeiten wie das, was als ihre tragende Realität angenommen oder nur vermutet wird. Sie orientieren Wollen, Fühlen und Handeln meist stärker als Rationales und sind so gesehen kraftvolle Wirklichkeiten, gegen die keine Vernunft aufkommt. Ob jemand oder auch etwas „wirklich" so ist, wie ich es sehe, ist eine unentscheidbare Frage. Auch wenn jemand oder etwas mir nicht passt und ich es „nicht wahrhaben will", ist des dennoch wirksam.
d) Wirklich ist, womit ich mich einlasse. Wenn jemand an etwas festhält, das für einen andern überhaupt nicht existiert, ist es für ihn dennoch wirklich.

2.5 Vom anfänglichen Dissens zum Konsens über Wirklichkeit

Für die Vermittlung, gesehen als Entstehen von gemeinsamer Wirklichkeit, heißt das: Aus den anfänglich voneinander abweichenden bis diametral entgegengesetzten Wirklichkeiten *gegeneinander* wird, wenn es gut läuft, *„unsere"* Wirklichkeit geschaffen. Ausgangspunkt war der *Dissens* unverträglicher Wirklichkeitskonstrukte, welche trennen und die Beziehungen untereinander als Gegnerschaft oder gar Feindschaft gestalten. Als *Zielpunkt* wird eine *konsensuelle* Wirklichkeit angepeilt, welcher alle zustimmen können, bevor sich das System wieder auflöst. Unterwegs dorthin verändern sich die Beziehungen untereinander so, dass das Bewusstsein wächst, als bezogene Intersubjekte voneinander abhängig zu sein: *Ich kann nur mit dir, nicht gegen dich, du nur mit mir, nicht gegen mich zu dem kommen, was du für dich, ich für mich und wir alle für uns erreichen möchten.*

Dahin gelangen die Beteiligten im offenen Gespräch. Offen heißt: Was *zwischen* ihnen geschieht, ist hörbar, sichtbar, *gestaltbar.* Man stützt sich nicht auf Vermutungen, Verdächtigungen und Indiskretionen, sondern beginnt in einer für alle durchsichtigen Weise zu „kommunizieren". So entsteht ein gemeinsam geschaffener, „gemitteter Zwischenraum", dessen Zentrum jedoch nicht eine Mediatrix oder ein Mediator einnimmt. Denn diese ver*mitteln*, dass und bis ein Ort entsteht, wo alle sich erreichen und treffen können. Daraus erst kann *Konsens* erwachsen.

Mediation ist ein prozesshaftes Geschehen, wobei sich nicht im Voraus feststellen lässt, ob es gelingen wird oder nicht. Darüber am Anfang entscheiden zu wollen ist immer verfrüht. Es ergibt sich erst, wenn man es wagt, erst einmal anzufangen und zu sehen, was dann geschieht. Gibt M selber auf, weil er meint, vermittelt zu verhandeln sei für die Beteiligten nicht möglich, kann er selber dazu beitragen, dass es so ist und bleibt.

Wenn jedoch eine gemeinsame Wirklichkeit entsteht („Konstruktionismus"), erfolgt das, wie bereits gesagt, über sich verändernde Einstellungen (Meinungen, Vorstellungen), die etwa so „zur Sprache" kommen: „Ich ging bis jetzt davon aus, mit Ihnen könne man überhaupt nicht reden. Nun bin ich positiv überrascht." „So stur, wie Sie meinten, bin ich gar nicht." Das setzt allerdings voraus, dass tiefgefrorene Selbst- und Fremdbilder mittels Gesprächen auftauen. Auch festgezurrte Wirklichkeitskonstrukte („Positionen") auf der Sachebene fangen an, sich zu bewegen, wenn ihre Hintergründe thematisiert werden. Ohne entsprechende Verständigung darüber kommt kein Konsens zu Stande.

Verständigung ist selbst ein systemischer Vorgang. Sie kann gefördert werden dadurch, dass alle Beteiligten selber ihren Blick aufeinander systemisch einstellen. Wenn sie entdecken, dass Sichverhalten, Sehen und Handeln des Einzelnen mit den anderen zusammen- und von ihnen abhängen, werden Zusammenhänge wirksam zur Kenntnis genommen. Der bisherige Kreislauf der Kommunikation wird allmählich entstört. „Wenn du mir das vorher gesagt hättest und nicht immer so unmöglich mit mir umgegangen wärest, hätte ich mich schon lang anders verhalten." A: „Wenn ich früher gewusst hätte, was du mit dem Geld anfangen willst, das du von mir forderst, müssten wir hier nicht so lange darüber streiten." B: „Ich setzte immer wieder dazu an, mit dir darüber zu reden. Aber du wolltest *bis jetzt* nichts davon wissen."

Um den Kreis zu schließen, kann dieser arg überfrachtete Abschnitt so zusammengefasst werden: Wirklich in der Mediation ist, was jeder für sich als wirklich ansieht. Wie daraus eine gemeinsame Wirklichkeit entstehen kann, mit der sich alle verbinden, ist systemisch die Frage nach dem Ziel des Unternehmens. Wie können sie selber zu einem System werden, in dem auch subjektiv Verbindendes entsteht? Das wird sich aus ihrem Dialog ergeben, mit dem sie, wenn er gelingt, vereinbaren, was für sie gilt und stimmt.

Vieles, was hier gerafft dargestellt wurde, wird nun in den nächsten Kapiteln aufgefächert.

3. Mediation im Modell

Abb. 1: Das ist nicht die Schweiz

Eine Autokarte ist besonders dann von Nutzen, wenn man sich im Verkehr nicht auskennt. Wer jedoch auf ihr herumfahren will, kommt bestimmt an kein Ziel. Übertragen auf unser Thema: Es wird hier nicht die Mediation dargestellt, sondern lediglich ein Modell *hergestellt*. Wer es 1:1 praktisch umsetzen wollte, würde das Verhältnis von Modell und Praxis umkehren: Die Teilnehmenden würden auf das Modell angewendet und modellkonform zurechtgebogen, bis M entweder sie oder die Karte für ungeeignet hält. Er kann dann überlegen, ob er die Leute oder die Karte abändern will. Beides scheitert vor der gelebten und erlebten Mediation.

3.1 Das Modell ist keine Mediation

Die Erfahrungswirklichkeit einer Mediation ist jedes Mal anders als die Modellrealität und wird sich kein zweites Mal wiederholen. Wieso? Im Modell fehlen die Menschen, wie sie leiben und leben. Jedes Mal sind es andere, und aus ihrer Mediation wird das werden, was sie daraus machen. Sie unterziehen sich keinem wissenschaftlichen Experiment, für das wiederholbare Bedingungen geschaffen werden können mit dem Ziel, ein Modell zu bestätigen oder zu widerlegen. *Jetzt* bildet die konkrete Intersubjektivität die unwiederholbare Bedingung. Vielleicht gelingt sogar ein Kunstwerk, als dessen Autoren alle signieren, nicht M allein.

Bei allen Vorteilen (z. B. für die Ausbildung zum Üben) haben Modelle den weiteren Nachteil, als statisch und leblos keine Voraussagen für Prozessverläufe zu erlauben. Es läuft bestimmt alles anders, als es nach dem Modell erwartet wird. Man kann zwar versuchen, Teilnehmende als Medianden theoretisch zu klonen, in psychologischen Gehäusen gefangen zu setzen, eine Systemmechanik zu kreieren oder sich sonst davor zu schützen, sich der konkreten Situation offen auszusetzen und einfach anzufangen, um zu sehen, was kommt.

Denn im Voraus festlegen zu wollen, wer sich „für das Verfahren" (nicht) eignet, ist immer zu früh, und ergibt sich erst aus einem versuchten Beginn, so dass die Beteiligten selber einschätzen können, ob es das ist, was sie brauchen. Würde M einseitig über Beginn, Abbruch oder Ende entscheiden, wäre er wohl nicht besonders neutral oder allparteilich, aber sicher unsystemisch. Zeugte seine einseitige Verfügung gar von unziemlicher Gewaltbereitschaft anderen gegenüber, falls sie nicht in sein Modell hineinpassen sollten?

Es sind nützliche Verlaufsmodelle ausgearbeitet worden, welche Wegstrecken in der Zeit vorsehen. Sowohl systemtheoretisch wie -methodisch ist es jedoch unmöglich, für Humansysteme die Zukunft zu entwerfen. Das Kontinuum des Lebens lässt sich ebenso wenig voraussagen wie aufhalten. „Man kann nicht einmal einmal in den gleichen Fluss steigen" (Kratylos). Wer den *Prozess* selber miterlebt, kann ihn zwar beschreiben (interpunktieren), doch auch das nur punktuell für sich. Teilnehmende und allfällige Beobachter erleben und interpunktieren ihn konstruktivistisch anders. Metaphorisch gesagt, geht auch die nützlichste Wegbeschreibung den Weg selber nicht, noch kann sie garantieren, dass man ihn findet. Selbst auf der genauesten Karte ist nicht jeder Stolperstein eingezeichnet.

Doch genug der Warnungen, Modell und konkreten Verlauf zu verwechseln. Mit einigen *Leitunterscheidungen* sei zunächst ein struktureller *Querschnitt* der Mediation skizziert.

3.2 Unterscheide im Rollenpaar die Rollen

Das *Dreieck* (Triade) A ⇔ M ⇔ B *bildet die Grundstruktur des Mediationssystems und seiner Rollen.* Besteht es aus mehr als drei Personen, nimmt seine Komplexität zu. Bleiben wir bei der einfacheren Triade. Die Einhaltung der häufig nur theoretisch klaren Rollen entscheidet darüber, ob das System überhaupt entsteht, besteht und sich nach seinen eigenen Gesetzmäßigkeiten entwickeln kann. Werden die Rollen verwaschen, ausgetauscht oder verwechselt, läuft das Experiment wahrscheinlich (nicht sicher!) früher oder später auf Grund.

Rollen können *formeller* oder *informeller* (Abb. 5) Art sein. Die *formellen* Rollen sind in das folgende Schema (Abb. 2) eingetragen:

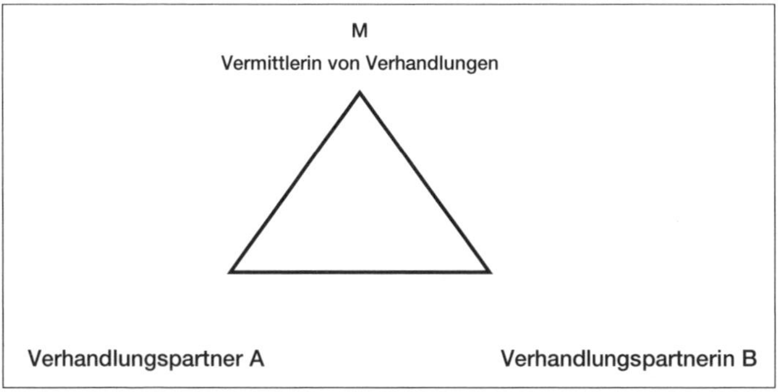

Abb. 2: Die formellen Rollen

Das Dreieck umfasst die drei dyadischen Subsysteme A ⇔ B; A ⇔ M; B ⇔ M, welche personell und strukturell eine andere Dynamik aufweisen. *Personell* wird sie von intersubjektiven Kreisläufen und den mitgebrachten informellen Rollen geprägt. *Strukturell* ist die Dynamik von den formellen Rollen der Mediatrix auf der einen und von A und B auf der anderen Seite bestimmt, welche sich *komplementär* entsprechen. M ist *Vermittlerin*, A und B sind *Verhandlungspartnerin* und *-partner*, wie es ihrer *Gleichstellung* entspricht, die beiden zusteht, auch wenn es in ihrem Alltag ganz anders aussieht.

Die Sozialstruktur der Vermittlung ist *idealtypisch* gesehen demokratisch, d. h. nicht einfach von Anfang an schon gegeben, sondern anzustreben. Was die Teilnehmenden an Sozialstruktur (als Paar, Familie, Arbeitsgruppe, Unternehmen usf.) mitbringen, ist anders, vielfach hierarchisch, was strukturell und hausgemacht zu ganz unterschiedlichen intersubjektiven Dynamiken führt. Wie es zwischenmenschlich halt so menschlich allzumenschlich ist, spielt Macht überall eine Rolle (dazu später im Abschnitt 8.5).

Formell zeigt sich die Rollenstruktur der Mediation wie sie in Abbildung 3 dargestellt ist.

Mediation ist *vermitteltes Verhandeln*

A, B … Z *verhandeln* darüber,

- ob sie verhandeln wollen;
- ob sie dafür einen Mediator oder eine Mediatrix ansprechen wollen, wenn ja, welche(n);
- ob noch andere einzubeziehen sind;
- über *was* (nicht über wen!) verhandelt werden soll;
- welche Ziele die Verhandlungen haben;
- wann und wie lange sie verhandeln können, wollen, sollen.

…

M *vermittelt* Verhandlungen darüber,

- ob verhandelt und von wem vermittelt werden soll;
- wer teilnimmt;
- ob alle die Rahmenbedingungen akzeptieren;
- welches die vorgesehenen Themen und Ziele sind;
- welcher Zeitrahmen zur Verfügung steht.

…

Abb. 3: Zwei Rollen, drei oder mehr Personen

Komplementäre Rollen

Da M Verhandlungen (auch über die Vermittlung) vermittelt, wird er *nicht* zum vermittelnden Verhandler. Das oft auch für Mediatoren Ungewöhnliche daran ist, inhaltlich keine Ideen und Vorschläge beisteuern zu müssen oder, wer es bedauert, zu dürfen. Außer solchen für Vermittlung sind sie jetzt keine Experten eines bestimmten Fachs, Bereiches, Berufes, Verbandes oder einer Institution mehr, die sie anderswo allerdings sein können. Das widerspricht manchmal den Erwartungen von A, B …, für welche es zum gängigen Bild eines Experten gehört, den Auftrag zu übernehmen, um für einen „etwas zu tun“, im Klartext: auch Lösungen vorzuschlagen oder, noch lieber, selber zu treffen. Dass sich M nicht dazu delegieren lässt, befremdet noch so lange, bis sich ein klareres Berufsbild des Vermittlers herausschält. Wäre es schon so weit, würden sich auch Fachkreise nicht mehr kontrovers damit auseinandersetzen. Vom Autor selber wird ein Mediator mehr als Generalist denn als Spezialist in einem bestimmten Anwendungsfeld gesehen.

Nur wenn die systembezogenen Rollen *komplementär* sind, wird das Vermittlungssystem handlungsfähig. Geraten A und B mit M in die *Symmetrie*, was vorkommt, rivalisieren sie gegeneinander, statt sich konstruktiv zu ergänzen.

Rollen werden in zwei Richtungen *zugeschrieben*:

a) Von M an A, B ... X und von M an sich selber. Sind A und B für M Mandanten, definiert er sich selber als Anwalt, der er formell für sie nicht ist, statt als Vermittler, den sie sich dann ausdrücklich wünschen, wenn sie nicht das übliche Anwaltsbild auf ihn anwenden. Sieht M sich als Therapeuten, sind A, B ... X Patienten oder Ratsuchende und nicht Verhandler in eigener Sache.

b) Umgekehrt gilt dasselbe: Wenn A von M Lebenshilfe oder eine Diagnose über B will, M sich aber als Vermittler versteht, gehen alle drei aneinander vorbei. Aus unklaren Selbst- und Fremdzuschreibungen werden früher als später Konflikte entstehen, so dass eine genaue Rollenklärung von Anfang an vorbeugend sein kann.

Das komplementäre Rollengeflecht ist *asymmetrisch*, weil A, B ... X hier, M dort nicht dasselbe tun. Auf der die Rollen tragenden Ebene sind hingegen alle Beteiligten als Träger ihrer Rollen gleichgestellt, in *horizontaler Zuordnung* aufeinander bezogen. Das für ihre Gespräche geeignete Möbel ist denn auch der runde Tisch. An ihm sitzen alle zuoberst. In der Praxis ist es allerdings nicht selbstverständlich, diese Ebene der *condition humaine* zu erreichen. Angehörige eines Betriebes leben und arbeiten zum Beispiel in der vertikalen Struktur von Über- und

Unterordnung, welche für das Funktionieren der Firma notwendig ist. In der Vermittelung werden sich die zwei sich überlagernden Sozialstrukturen nicht leicht auseinanderhalten lassen, obwohl es mehr als wünschbar wäre.

3.3 Unterscheide System und Kontexte in Ko-Evolution

Die Mitglieder des Vermittlungssystems stammen jeweils aus verschiedenen Lebenszusammenhängen, Handlungswelten, Mentalitäten, Kulturen, kurz aus unterschiedlichen Kontexten, welche zur „Umwelt“ ihrer Mediation gehören. Das veranschaulicht Abbildung 4.

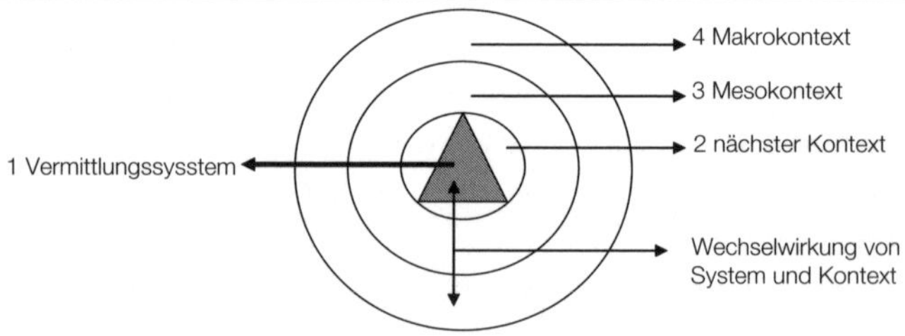

1 – Vermittlungssystem

2 – nächster Kontext	unmittelbares Umfeld der Vermittlung: Familie, Betrieb, Schule …
3 – Mesokontext	Subkontexte innerhalb des Makrokontextes: z. B. Gesundheits- und Klimapolitik, Wirtschaft und Soziales und was zwischen ihnen hin und her geht, z. B. Schule ↔ Familie
4 – Makrokontext	Landschaft, Klima, Kultur, Staat, Recht, Religion, Wirtschaft und die ihnen zugeordnete Politik

Abb. 4: System und Kontexte

Der *dem Vermittlungssystem nächstliegende Kontext* 2 ist der Ursprungsort jener Probleme und Konflikte, welche zu einer Vermittlung Anlass geben. Er wird er durch die einzelnen Beteiligten (anders) repräsentiert und überschneidet sich einerseits mit ihrer Lebenswirklichkeit (2) und anderseits mit den näher- oder fernerliegenden Kontexten (3 und 4) (Abb. 5).

Rolle im System:
MEDIATRIX

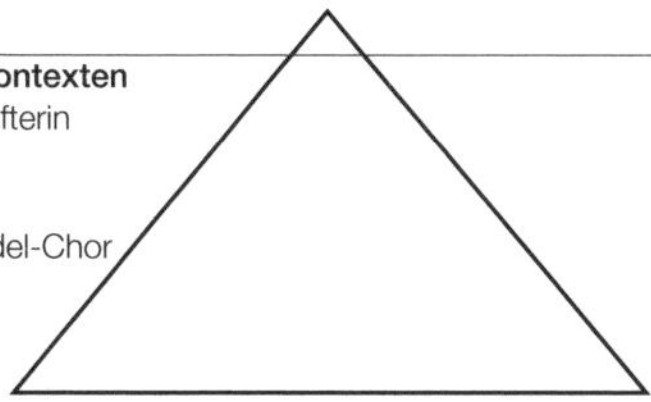

Rollen	**⊂ zugehöriger Kontext**
Vermittlerin in Kontexten	**⊂ Verband Mediation**
Sozialwissenschafterin	⊂ Wissenschaft
Systemikerin	⊂ theoretische Ausrichtung
Parteimitglied	⊂ politische Partei
Sängerin im Händel-Chor	⊂ kulturelle Vereinigung
Mutter	⊂ Familie
Tochter	⊂ Herkunftsfamilie, Verwandtschaft
Frau	⊂ Gesellschaft

Rolle im System: VERHANDLUNGSPARTNERIN A		**Rolle im System: VERHANDLUNGSPARTNER B**	
Rollen in Kontexten	Kontexte	Rollen in Kontexten	Kontexte
Direktorin	Arbeitgeberin von B	Angestellter	Firma von A
Mitglied	Arbeitgeberverband	IGM-Mitglied	Gewerkschaft
Abgeordnete	Politik	Elternvertreter	Elternverein
Kunstmäzenin	Kunstbereich	Dobermannzüchter	Hundeverein
Witwe	Familie	Alleinerziehender Vater	Familie
Frau	Gesellschaft	Mann	Gesellschaft

Gemeinsame Grundlage der Rollen:
Menschsein im Mesokontext der jeweiligen Lebenswelt
und in der „Menschheit".

Abb. 5: Kontextbezogene Rollen und RollenträgerInnen

Personelle (informelle) Rollen

Weil die am Vermittlungssystem Beteiligten (M eingeschlossen) in ihren jeweiligen Kontexten andere formelle und informelle Rollen einnehmen, beeinflussen diese die jeweilige Art, wie sie ihre Systemrollen (M, Mediand) ausfüllen. Jede *Rollenträgerin als Person* (als autonomer Mensch) lebt und erlebt zudem sowohl die informell wie die formell zwar gleichen Rollen anders als andere (autonome Menschen). Der typische Mediand kommt ebenso wenig vor wie die der reinen Lehre konforme

Mediatrix. Im Zusammenspiel der Rollen ist deshalb zu beachten, dass:

- auch gleiche Rollen (Chef, Mutter, Mediatrix ...) von Person zu Person verschieden wahrgenommen und ausgeübt werden;
- niemand durch jemand anderen (auch als M nicht) ersetzt werden kann, ohne dass das ganze System sich verändert oder auflöst;
- wenn eine Person weggeht oder fehlt, das ganze System in Frage steht und neu zu vereinbaren ist, ob es, neu zusammengesetzt, weiterbestehen kann. Ein Kollege kann zwar für M „einspringen", ersetzt ihn jedoch nicht. Der Prozess wird einen nicht voraussehbar anderen Verlauf nehmen.

Kontexte im Geflecht formeller und informeller Rollen

Rollen sind system- und kontextgebunden. Die einzelnen Kontexte wirken nicht als abstrakte Übergebilde, sondern durch ihre konkreten „Personifizierungen" durch die Beteiligten. Es treffen z. B. nicht „Kulturen" aufeinander, sondern konkrete Menschen, welche ihre Kulturen auf je individuelle Art erleben, leben, problematisieren, radikalisieren oder mit anderen vermengen. Das lässt sich als ein Geflecht von formellen und informellen Rollen darstellen (Abb. 5).

Als gemeinsame Grundstruktur verbindet die *condition humaine* alle diesseits jeder Rolle zu einer wechselseitigen Bezogenheit als Basis für Rollen. Systeme leben und agieren nicht im Vakuum, sondern in interagierenden und sich überlagernden Kontexten und ihrer jeweiligen Beschaffenheit. „Wenn es um die Analyse von Entwicklungsprozessen geht, dann haben wir es *nie* mit isolierten Systemen als evolutionären Einheiten zu tun, sondern mit *System-Umwelt-Einheiten*, bei denen System und Umwelt eine Ko-Evolution durchlaufen" (Simon 2006,

S. 82; Hervorh. im Orig.). Was in der Mediation geschieht, wirkt sich auf ihr Umfeld aus und umgekehrt. Die Ko-Evolution innerhalb des Systems unterscheidet sich davon, ist jedoch entscheidend für diejenige von System und Kontext. Um die Elternschaft nach der Scheidung zu verwirklichen, bedarf es ihrer gemeinsamen Ausarbeitung und Entwicklung, damit sie möglich wird.

3.4 Unterscheide Probleme und Konflikte

Vermittlung wird in Anspruch genommen, wenn in der Lebenswelt *Konflikte* und *Probleme* das Zusammenleben und -arbeiten erschweren bis verunmöglichen. Konflikte können zu Problemen führen und umgekehrt, oder es sind Probleme da, aber keine Konflikte. Wenn M, A und B in Konflikte geraten – was es gibt –, geraten sie in eine Sackgasse, aus der sie nicht sicher herausfinden.

Das Modell ist nun um die Unterscheidung von Problemen und Konflikten zu erweitern:

Mediation ist vermitteltes Verhandeln bei Problemen und Konflikten und löst primär Probleme, sekundär Konflikte.

Problem (griech. *problema* = „Hindernis, Schutzwall, Mauer“) bezeichnet ein sachliches Hindernis, einen umstrittenen Sachverhalt und bezieht sich auf *Sachinhalte*. Ein *Konflikt* (vom lat. *confligere* = „zusammenschlagen, streiten, kämpfen“) hingegen ereignet sich auf der *Beziehungsebene*, etwa wenn Personen, Gruppen, Nationen, Gangs, religiöse Gruppen, Ethnien aneinandergeraten, sich die Köpfe verhauen, töten, entwerten und demütigen, einander das Recht auf Existenz (z. B. als eigener Staat, als Kirche ...) absprechen – kurzum, wenn ihre persönliche, kollektive, nationale Beziehung polemisch, kontrovers, im Grenzfall im Kampf um Leben und Tod ausgetragen wird. Kollektive Konflikte werden durch Vertreter von Gruppen personifiziert, die, falls eine Mediation überhaupt stattfindet, entweder andere hinschicken oder selber daran teilnehmen, was allerdings selten vorkommt. Bei nahen Beziehungen (Paaren, Familien, Verwandtschaften, Erben) hingegen sind die Beteiligten persönlicher und von der Sache her direkter betroffen als bei innerstaatlichen Parteiungen (in Politik, Umweltfragen, Wirtschaft ...), zwischenstaatlichen Friedenskonferenzen. Unterschiedliche Betroffenheit erzeugt ihre eigene Dynamik, weshalb M denn auch mit unterschiedlichen Regulierungen von Abstand und Nähe, Affekten, Gelüsten (Rache, Genugtuung) und Gerechtigkeit beschäftigt sein wird (vgl. Abb. 6).

Auch Probleme sind zwischenmenschlich, wenn sie den Austausch zwischen Menschen und den Zugang zu ihnen hindern, Konflikte tarnen oder zu Alibis ihrer Austragung werden. Ihre Verwechslung führt häufig dazu, dass Konflikte verfremdet und über Probleme ausgetragen werden: Weil man den Expartner nun nicht mehr direkt als solchen, sondern als Vater oder Mutter für partnerschaftlich erlebte Unbill „strafen“ möchte, streitet man sich jahrelang darüber, wann das Besuchswochenende für Kinder anfängt und endet. Vielleicht findet man in der Mediation für dieses Problem eine Lösung, doch der partnerschaftliche Beziehungskonflikt schwelt weiter. Umgekehrt werden Probleme über Konflikte ausgetragen: Wenn einem das Öl ausgeht, kommt es zum unerklärten Krieg gegen „die“ Terroristen im Allgemeinen, was sich sachlich leichter begründen lässt als persönlich.

Abbildung 6 fasst zusammen, wie Konflikte und Probleme auf zwei Ebenen angesiedelt sind, die je für sich mit mehr oder weniger Problem- und Konfliktpotential befrachtet sind.

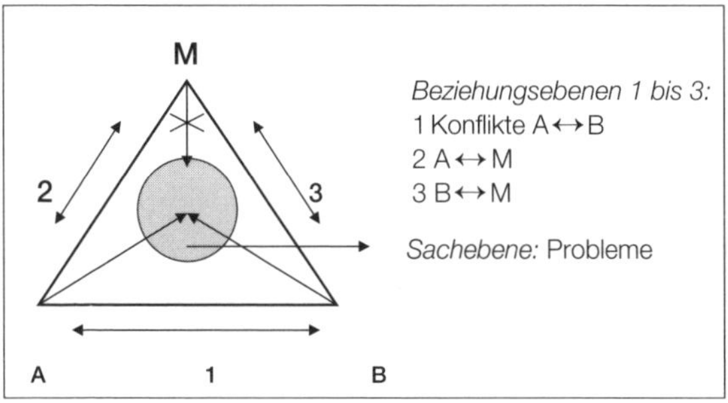

Abb. 6: Beziehungsebene (Konfliktebenen 1–3) und Sachebene (Problemebene)

Vermittlung löst primär Probleme, nicht Konflikte

Dafür spreche ein Beispiel: Nach zähen, aber sachbezogenen und fairen Verhandlungen haben die Geschäftspartner C und D für beide akzeptable Lösungen gefunden, die aber D gleich wieder für ungültig erklärte: „In der Sache wären wir uns einig, aber ich unterschreibe nicht. Ich hasse Sie." Problem gelöst, Konflikt nicht. Beide haben sie ihn mitgebracht und unter den Teppich gekehrt, doch keiner deckte ihn auf, auch ich nicht, obwohl eine emotionale Sperre bei den Gesprächen immer wieder zu spüren war, aber trotzdem immer weiter gingen. C und D hielten mit schonendem Respekt an sich. Jahre später erfuhr ich bei einer zufälligen Begegnung, was der Konflikt war. Wäre er damals aufs Tapet gekommen, sagte D, der seinen Freund zu jener Zeit hasste, wäre alles geplatzt und das sachlich Erreichte ohne Nutzen geblieben. Statt dessen handelten beide nach dem Eklat eine Lösung dafür aus, wie das verhindert werden könnte. Sie bestand darin, dass sie, um einander nicht mehr direkt begegnen zu müssen, je einen Mitarbeiter ihrer Firmen damit beauftragten, die Lösungen umzusetzen und an ihrer Stelle die Kommunikation aufrechtzuerhalten.

3.5 Zwei äußere und ein inneres Auge der Mediatrix

Um Konflikte und Probleme zwar zu unterscheiden, aber gleichzeitig beide im Auge zu behalten, hält M bildlich gesprochen stets zwei Augen offen, das eine für Konflikte, das andere für Probleme. Ein drittes (das systemische) Auge verbindet sie zur Herstellung eines Gesamtbildes (vgl. Abb. 7).

Drei Augen der Vermittlerin

Verbindung von ↪↩ Interaktionszirkeln, Problemen ↺ Konflikten, System ↻ Kontexten

	PROBLEMFACETTE	KONFLIKTFACETTE
FOKUS	Sachprobleme	Beziehungskonflikte
ZIELE	konsensuelle Lösungen vereinbaren *rationale Einsicht in Grundlagen, Positionen, Verlauf und Ergebnisse*	konstruktiver Umgang miteinander *irrationale Affekte annehmen, verstehen und konstruktiv gestalten (lernen)*
HALTUNG	Abstand zu den Inhalten, Problemen, Optionen, Lösungen keine Bewertungen	Offenheit und *Empathie* gegenüber Einzelnen, ihrer Herkunft, ihrem Sozialstatus, gegenüber Paaren keine Deutungen.
HANDLUNG	*Vermitteln* von sachbezogenen *Verhandlungen*	Hilfestellungen bei der *Regulierung der Affekte* mit dem Ziel, sachlich fair und inter subjektiv gerecht verhandeln zu können
	→ **Vermittlungskompetenz** ←	

Abb. 7: Drei Augen der Vermittlerin

So gesehen, bewegt sich Mediation im Rationalen und im Irrationalen des Zwischenmenschlichen und zwischen dem einen und anderen hin und her. Konflikte sind rational nicht zuverlässig zu be- und ergründen. Wenn anderseits bei Problemen das Irrationale überhandnähme, blieben ihre Lösungen schwammig und zerbrechlich. Erst wenn sie einsichtig und rational nachvollziehbar sind, können alle sie mitragen.

Vom Querschnitt geht es jetzt weiter zum *Längsschnitt*.

4. Ein System, das sich und seine Elemente selber erschafft

„Um sich fragen zu können, ob man auch etwas anderes wollen oder tun könnte, muss man sich selbst Thema und Problem sein können."
(Bieri 2006, S. 122)

Der System*prozess* (lat. *procedere* = „hervorgehen") fängt irgendwann und irgendwo an, um dann bestimmte Zeiten und Orte zu belegen, wo er sich selbstregulierend entwickelt, unterbricht, abbricht oder zu einem einverständlichen Abschluss kommt, wonach sich das System wieder auflöst. So haben die chilenischen Neurobiologen Humberto Maturana und Francesco Varela mit dem Konzept der Autopoiese (griech. *autos* = „selbst"; *poiein* = „schaffen") Selbsterschaffung, Selbsterhaltung von lebenden Systemen beschrieben (Maturana u. Varela 1987). Fritz B. Simon (2006) und Niklas Luhmann (z. B. 1984, 2004) haben dazu und für die Auflösung von Systemen weitere Ideen beigetragen.

4.1 Drei autonome Systeme in einem

Humansysteme sind so (rekursiv oder selbstreferentiell) auf sich bezogen, dass sie selber die Elemente hervorbringen, „aus denen sie zusammengesetzt sind und von denen sie produziert werden" (Simon 2006, S. 17). Die Elemente sind nach Simon „Organismus, Psyche und soziales System". An anderer Stelle nennt er sie die „drei Typen autopoietischer Systeme" (S. 90). Sie sind zwar unterscheidbar, doch interagieren sie stets gleichzeitig.

Organismus

Mit *Organismus* ist die physische (griech. *physis* = „das Körperliche“) *Existenz und Präsenz* eines Menschen bezeichnet, deren Beschaffenheit seine Eigengesetzlichkeit (Autonomie) ausmacht, nach der er anders leibt und lebt als jeder andere.

Psyche

Mit *Psyche* sind Befindlichkeit, Stimmung, Emotion ebenso wie „Geist“ benannt, also Bewusstsein, Wahrnehmung, Kognition, Intellekt, Intelligenz, Mentalität, Sinn u. a. m. Auf die Fragwürdigkeit solcher Schnittstellen der psychischen Aspekte kann nicht eingegangen werden, und das ist auch nicht nötig. Auch die Psyche ist autonom (eigengesetzlich) und somit von Mensch zu Mensch verschieden, was in der Intersubjektivität die Unterschiede ausmacht, welche Probleme und Konflikte hervorrufen.

Psyche und Organismus sind autonom in doppelter Hinsicht bezogen: auf sich selber und auf die Welt rundum. Dasselbe Ereignis, ein Börsenkrach z. B., kann verschiedene Befindlichkeiten, Gefühle, Berechnungen hervorrufen: Bei A trauriges Elend der Existenzangst, bei B eitel Freude, weil er nichts verlor, da er keine Aktien besitzt. Oder wenn die Mutter zum Kind sagt, es solle nicht traurig sein, wird das Kind noch trauriger oder wütend oder umarmt die Mutter innig. Was da und dort die Gründe sind, bleibt so lange spekulativ, bis die Betreffenden miteinander reden oder ein Dritter es mit ihnen tut. Auch wer diesen Text liest, tut es als eigener Horizont seines Verstehens rekursiv (selbstreferentiell). Es kann sein, dass er Dinge hineinliest, an die der Autor in keinem Moment gedacht hat. Wenn M alle darüber informiert, worauf sie sich einlassen, verarbeitet das jeder Zuhörer auf seine Art (autonom).

Autonomie

Da der jetzt mehrfach gebrauchte Begriff Autonomie (griech. *autos* = „selbst, eigen“; *nomos* = „Gesetzmäßigkeit“; zusammen „Eigengesetzlichkeit“) bedeutet nicht Unabhängigkeit und unbezogene Selbständigkeit, sondern die eigene Art und Weise, wie jeder Mensch anders auf andere bezogen ist, weil er ein Anderer ist, nämlich nach seinem eigenen Maß und Sosein. Diese machen seine Eigengesetzlichkeit oder Struktur aus. Deshalb gelten sowohl Organismus wie Psyche als „strukturdeterminiert“ operierend. Das gilt nun nicht erst für den Erwachsenen, sondern schon für den Säugling. Wenn er nachts schreit und die Eltern auf Trab hält, setzt er einen autonomen Akt, um kundzutun, dass ihn etwas beschäftigt und er etwas braucht. Die Eltern werden auf ihre Weise autonom das Weinen deuten und danach handeln. Ob es im Sinne des Kindes sein wird, ob die Eltern das Kind verstanden haben oder nicht, wird sich zeigen. Andere Beispiele wurden schon gegeben und weitere werden folgen, z. B. jetzt gleich dieses: „Ich verstehe Mediation als Versöhnung, und ihr redet ständig von Scheidung. Und dabei bleibe ich.“ Eine autonome Aussage mit autonomen Folgen: Die Frau kam nicht mehr zu weiteren Gesprächen, weil sie die Mediation auf ihre Weise verstand und entsprechend handelte.

Soziales System

Das dritte System ist das soziale, die autonome Systembezogenheit von Menschen auf Menschen. Ein soziales System hat seine Basis in der Verbindung autonomer Organismen und Psychismen und entwickelt aus dieser Verbindung heraus seine eigene Autonomie. Daher wurde bereits früher gesagt, Mediation sei jedes Mal unverwechselbar anders. „Autopoietische Systeme verhalten sich *immer und ausschließlich* auf Grund ihrer *aktuellen* internen Strukturen und Prozesse. Sie sind selbstbezogen und innengesteuert. Darin besteht ihre Autonomie“ (Simon

2006, S. 53; Hervorh. im Orig.), als von keinem anderen System reproduzierbare Gesetzmäßigkeit.

Da jedoch auch Verwandtschaften, Arbeitsgruppen, Wohngemeinschaften soziale Systeme bilden, wird im nächsten Kapitel zu untersuchen sein, was jeweils das Soziale daran und besonders am System Vermittlung sei und wie es sich nach außen abgrenze. Auch wenn seine Mitglieder selbstbezogen und innengesteuert sind, heißt das nicht, „dass sie unabhängig von dem sind, was in ihren Umwelten geschieht, sondern nur, dass sie höchst individuell auf diese Geschehnisse reagieren, die daher nicht als ‚Ursachen' im geradlinig-kausalen Sinne betrachtet werden können, sondern lediglich als Auslöser für innengesteuerte Verhaltensweisen" (ebd., S. 53).

4.2 Was die Bildung des Vermittlungssystems auslöst

Als Auslöser für einen Vermittlungsprozess wirken problematische Gegebenheiten und Konflikte in den Kontexten, aus denen die Beteiligten stammen: Arbeitskonflikte, Rosenkrieg, Nachbarschaftsstreit, betriebliche Organisationsprobleme, politische Querelen. M steht nun vor der Aufgabe, zu versuchen, sie dort zu erreichen, wo *sie* gerade sind. Wer z. B. als Anwaltmediator nach juristischen, als Therapeut pathologischen Anknüpfungspunkten sucht, kann den Anschluss buchstäblich zu verpassen. Auslöser liegen (meistens) diesseits des Rechts, im ach so menschlich Alltäglichen, wo die Menschen leiben, leben, lieb(t)en, sich streiten und mögen, politisieren und arbeiten, aufeinander schießen, Minen, Stacheldrähte, Stolpersteine verlegen. Das Recht ist für sie in diesem Moment weit weg. Auch von einem Therapeuten, welcher Mediation anbietet, erwarten sie nicht Heilung.

Die jeweils gefundenen Lösungen sollen konkret auf sie passen, maßgeschneiderte Einzelanfertigungen sein, die außer für sie weder brauchbar noch zur allgemeinen Norm von Recht und Moral, des Anstands und des Verhaltens zu erheben sind. Wenn und weil es den Beteiligten zunächst um konkrete Situationen *diesseits des Rechts* zu tun ist, heißt das nicht, dass die Lösungen in einem Rechtstaat *jenseits* des Rechts liegen können. Wenn die Auslöser für die Bildung eines Vermittlungssystems „ganz unten" im Alltag des Lebens wurzeln, setzen Mediationen, die im Familien-, Erb-, Scheidungs-, Straf*recht* oder in anderen *Rechtsdomänen* verortet werden, viel zu weit oben an.

4.3 Ist ein Mediator „Herr des Verfahrens"?

In Ausbildung und Fachliteratur begegnet M der Verlockung, „Herr des Verfahrens" zu werden. Doch gibt es gute Gründe dafür, sich dazu nicht verführen zu lassen. Wenn nach Hegel der Herr nicht ohne Knecht auskommt, kann die Beziehung beider kippen: Der Herr wird geknechtet, nicht unbedingt böswillig, sondern von der Struktur des Beziehungsmusters her. Er kann nicht mehr ohne Knecht sein. M könnte Knecht eines mechanisch verstandenen Verfahrens werden, weil er meint, er müsse den Meister zeigen.

Doch gehen wir anders an die Sache heran: M ist autonomes Vollmitglied des Systems und bezieht aus dem Verständnis seiner Rolle die eigene Identität. Er bringt etwas ein, das schon durch seine Anwesenheit systeminterne Veränderungen auslöst. Ob er darüber hinaus mit seinem Handeln etwas bewirkt, ist jedoch auf Grund der autonomen (Re-)Aktion von A, B … X nicht voraussehbar, weder für einen äußeren Beobachter noch für einen internen Aktor, wie M selber einer ist. Er wird von Anfang an keine linear-kausalen Wenn-dann-Wirkungen erzeugen und auch später nicht sicher wissen, „ob beim zweiten Mal auf dieselbe Art eines äußeren Ereignisses wieder mit derselben Reaktion zu rechnen ist. Aus diesem Grund sind solche (nichttrivialen) Systeme prinzipiell nicht von außen steuerbar" (Simon 2006, S. 53). Ein VW-Polo ist dagegen ein einfacheres und triviales System mit maschinellen und elektronischen Strukturen und Organisationen, welche ich nur so weit zu kennen und zu beherrschen brauche, dass ich voraussehbares Funktionieren auslösen kann. Dafür kann ich mich instruieren lassen, das Auto nicht, dem nichts anderes beizubringen ist, als was hineingeplant wurde.

Für lebendige (nichttriviale) Systeme gilt nach Maturana: „Es gibt keine ‚instruktive Interaktion', bei der ein Interaktionsteilnehmer das Verhalten des anderen ein-deutig festlegen könnte" (ebd.). Wenn M als Instruktor den Teilnehmern „beibringen" möchte, wie sie es „richtig" zu machen haben, damit Mediation geht, schlüpft er in andere Rollen und hört auf, Mitglied des autonomen Systems zu sein, schlimmer noch, er könnte es zerstören. „Der Unmöglichkeit der ‚instruktiven Interaktion', d. h. der Unmöglichkeit der Steuerung solcher Systeme im Sinne einer gradlinigen Ursache-Wirkungs-Beziehung von außen, steht [aber] die Möglichkeit der ‚destruktiven Interaktion' entgegen" (ebd., S. 54). Versteht M sich – und das ist die unumgängliche Machtfrage – autoritär als fremdbestimmender (allonomer) „Herr des Verfahrens", ordnet er sich die eigentlich Gleichbeteiligten unter. Die horizontale und demokratische Sozialstruktur der Gruppe wird monarchisch umgebaut – und das drei Jahrhunderte nach Beginn der Aufklärung, als der geistige Grundstein für die heutige, demokratisch strukturierte Mediation gelegt wurde.

Was soll dann M noch? Er ist da, und das reicht als Erstes, dann und wann genügt es sogar ganz. Er versucht „anzukoppeln" (strukturelle Koppelung in autopoietischen Systemen). Was er weiter macht, was verändert es? Autonome Menschen? Aussichtslos! Seinen und ihren Umgang? Schon aussichtsreicher. Doch wie versucht er, systemintern etwas auszulösen, nachdem er ja dazugehört? Maturana und Varela reden von Perturbation (span. *perturbación*), was Kurt Ludewig im *Baum der Erkenntnis* (Maturana u. Varela 1987) mit „Verstörung" übersetzte. M irritiert, macht neugierig, evoziert Bewegung z. B. durch unerwartete Impulse, welche organisch aus dem Prozess heraus wachsen. Dazu können mediative Arten des Fragens dienen, überraschende, zirkuläre, konträre, raumschaffende, ohne Erwartung einer Antwort, Fragen, welche bei den Beteiligten Informationen erzeugen und in Umlauf bringen. Dabei sammelt M also nicht Informationen für sich, die für alle anderen bereits Bekanntes enthalten, sondern sucht danach, wie bei ihnen solche entstehen können, indem er Prozesse anstößt, damit Neues zu Tage tritt. Konfliktsysteme erblinden bekanntlich an sich selber und „drehen die Einerleier". Was sie aus der Erstarrung lösen kann, sind nicht „invariable Interventionen", sondern variable Erfindungen (Inventionen), die auflockern, öffnen, befreien aus lähmender Verstrickung und inhaltlicher Fixierung. Dabei gelassen und geduldig enttäuscht und überrascht zu sein entspricht bei M einer seiner Rolle angemessenen Einstellung.

4.4 Ein Fahrplan für Werden und Vergehen

Ein Seitenblick auf Handwerkliches möge nun zeigen, dass professionelle Vermittlung in der Zeit strukturiert ist und Kanäle mit Schleusen anlegt, durch welche der Prozess von Stufe zu Stufe vorankommen kann, auch wenn nicht immer ohne Dammbrüche und Überschwemmungen.

Das wohl am meisten verwendete Ablaufmodell ist in Abbildung 8 dargstellt.

Ein Modell des Ablaufs

Vorbereitungsphase
Kontakte von und mit Einzelpersonen, Vertreterinnen von Gruppen, Firmen usf.
Bei „Großmediationen" (internationalen Konflikten, bei Umwelt-, Wirtschaftsproblemen ...) können sie sehr zeitaufwendig sein, bis die Mediation selber starten kann.

Sechs Gesprächsphasen
1. Phase: Bildung des Mediationssystems: Aushandeln einer „Mediationsvereinbarung"
Kontakt mit allen Beteiligten aufnehmen.
Vereinbarung vorbereiten, ob und unter welchen Bedingungen eine Vermittlung möglich ist:

- Bereits vorhandene Informationen über Mediation erkunden und wenn nötig ergänzen.
- Unterschiedliche Motivationen und Erwartungen austauschen lassen.
- (Früher erfolgte oder jetzt geplante) Alternativen zur Vermittlung besprechen.
- Klären, ob alle mit der Person des Mediators und seiner Rolle einverstanden sind.
- Wenn ja, Rahmenbedingungen besprechen: Wer nimmt teil, wann, wo? Kosten und ihre Verteilung aushandeln lassen.
- Wenn Vermittlung gewünscht wird, verbindlich Vereinbarung treffen (schriftlich oder mündlich). Wenn nicht, über Alternativen zur Vermittlung verhandeln lassen, sofern es gewünscht wird.

2. Phase: Zusammenstellung der Gesprächsthemen

- Sammeln der Themen, um die es jeder Person geht.
- Einigung auf die Reihenfolge ihrer Bearbeitung.
- Beschaffung der nötigen Unterlagen (über vorhandene Finanzen, Budgets, Pläne, Rechtslage ...).

3. Phase: Bearbeitung der Konflikte und Probleme sowie ihrer Hintergründe

- Thema für Thema die unterschiedlichen Sichtweisen offenlegen und verstehen.
- Feste Positionen „aufweichen" durch Austausch über die dahinterliegenden Bedürfnisse, Interessen, Hoffnung und Ängste im *Blick auf die Zukunft.*
- Diese „Hintergründe" verstehen als Kriterien für die Qualität der zu findenden Lösungen.

4. Phase: Entwickeln von Optionen für Lösungen

- Mögliche Lösungen (er)finden (Hypothesen, Fantasien, Utopien wagen).
- Optionen auswählen und bewerten, um die „bestmögliche Lösung" auszuhandeln.

5. Phase: Gemeinsam (die bestmöglichen) Lösungen *aushandeln*

- Für jedes Problem eine *konsensuelle* Lösung aushandeln und ihre Folgen überprüfen.
- Die Qualität der Lösungen anhand der in Phase 3 erarbeiteten Kriterien überprüfen.
- Die einzelnen Lösungen untereinander vergleichen und wenn nötig abgleichen.

6. Phase: Abschluss einer Vereinbarung. Auflösung des Mediationssystems

- Die erzielten Ergebnisse in Form von Verträgen, Memoranden oder mündlich festhalten.
- Darüber verhandeln, wer für die Umsetzung welche Aufgaben übernimmt.

Abschlussphase: Umsetzen der Vereinbarung
Bei der Umsetzung der Ergebnisse können neue Schwierigkeiten auftreten, die mit vorher noch nicht bekannten, inzwischen jedoch veränderten Umständen zusammenhängen u. a. Wenn alte Konflikte wiederaufflammen und eskalieren (z. B. nach der Scheidung) bzw. Unklarheiten darüber aufkommen, wie die Vereinbarungen zu interpretieren seien, kann neu verhandelt werden.

Abb. 8: Acht Schritte eines idealprogrammatischen Ablaufs

4.5 Wo (k)ein Wille ist, da ist (k)ein Weg

Auf die 1. und 3. Phase etwas näher einzugehen ermöglicht, Erarbeitetes zu vertiefen.

Bildung eines Willenssystems (1. Phase)

In der Phase 1 (Bildung des Mediationssystems) entsteht das System dann *formell*, wenn es zur einverständlichen Vereinbarung kommt, sich auf eine Vermittlung einzulassen. Das heißt nicht, alle seien schon damit einverstanden, auch wenn sie verstanden haben, was auf sie zukommt. Ein formelles Prinzip sieht zwar vor, die Teilnahme müsse stets *freiwillig* sein. Das ist übrigens die klassische Falle eines Doublebind: freiwillig müssen. Ist das nun Zwang zur Freiheit oder Freiheit zum Zwang? Befehl oder Verschreibung sind ohne Zweifel auch problematisch. Was ist freiwillig nach Vorschrift? Wenn man prozessorientiert denkt, könnte die Freiwilligkeit als „unbedingte Vorbedingung“ sogar dafür sorgen, dass viele Vermittlungen überhaupt nicht entstünden und ihre Forderung zur destruktiven Instruktion wird. Zudem zeigen Erfahrungen, dass Freiwilligkeit viele auch bei gutem Willen überfordert und eine Illusion ist. Es ist leichter zu entscheiden, freiwillig *nicht* mitzumachen. Der Entscheid, widerwillig mitzumachen – auch ein Entscheid, aber nicht aus der Einsicht in die Mediation begründet –, kann seine Gründe in äußerem und innerem Druck haben. „Es bleibt mir nichts anderes übrig, sonst verliere ich alles.“ „Wenn ich wegbleibe, werde ich ausgeschlossen.“ „Ich gehe zwar hin, aber werde kein Wort sagen.“ „Ich will nichts unversucht lassen.“ Auch wer Verhandeln als Schwäche bewertet, macht vielleicht mit nach der Devise: „Der Sieg ist mein!“ Auch diesmal wird er ihn erringen wollen. Es kann aber auch anders kommen. Aktive Bereitschaft entsteht allmählich und ist dann nicht Voraussetzung für den Einstieg, wie es die Lehre meistens verlangt, sondern bereits ein *Ergebnis* des bisherigen Verlaufs.

Damit zusammen hängt noch eine andere Forderung der Lehre, jede und jeder solle sich selber eigenständig vertreten und verantworten. „Sie verlangen zu viel von mir. Immer wurde mir alles abgenommen. Mädchen könnten das sowie so nicht, hieß es früher, und ich lernte nur, zu gehorchen und zu dienen." Diese Aussage stammt nicht aus dem Tagebuch einer Urgroßmutter, sondern ist Originalton einer 40-jährigen Ehefrau im Jahre 2004. Mündigkeit ist ein hoher Anspruch, wie es auch der gesellschaftliche und demokratische Alltag angesichts der Verführbarkeit vieler Menschen zeigt. Obwohl Freiwilligkeit Wahlfreiheit ermöglicht, möchte manch einer die eigene Sache nicht in der Hand behalten, sondern sie in autoritätsgläubigem Misstrauen gegenüber sich und anderen lieber einem Experten oder dem Gericht übergeben, um sicher zu sein, dass es mit rechten Dingen und „objektiv" zugehe. Trotzdem ist die „Mündigkeitsvermutung" jener Vertrauenskredit, den alle von M zuguthaben, damit ihre Autonomie (im obigen Sinn) anerkannt und gestärkt wird.

Überlegt man sich noch, dass Freiwilligkeit und Mut zur Selbstvertretung nicht verschrieben („instruiert") werden können und nicht zur Autonomie aller gehören, kann M schauen, wie er die Beteiligten in einer Weise irritieren („verstören") könne, dass eine Ko-Evolution im System angeschoben werden kann. Sie bedingt, dass auch individuell sich etwas verändert – und zwar im Verlauf des Systemprozesses.

Es ist jedoch nicht M, welcher Bereitschaft herstellen kann, sondern allein der Wille der Beteiligten, ein *Willenssystem* zu werden und sich dabei gegenseitig zu unterstützen. Ein Dokument von 1681 sagt dazu lakonisch: „*Man kann zu Recht sagen, dass es nicht die Mediatoren sind, welche die Verträge schließen,* sondern die *positive Bereitschaft* (‚la bonne disposition') *der Parteien* macht es möglich" (Duss-von Werdt 2005b, S. 66 ff.; Hervorh. im Orig.).

Diese *Bereitwilligkeit* ist die zentripetale Kraft zur Bildung von kooperativen *Wir-Systemen.* Der Philosoph Peter Bieri (2006) kommt im Buch *Das Handwerk der Freiheit* immer wieder auf die Idee zurück, dass dem Willen ein Wunsch vorausgehe, dessen Erfüllung sich manches in den Weg stellen könne, sodass er nicht zum Willen werde. Der Wunsch ist der Vater des Gedankens, sagt das Sprichwort, aber noch nicht des Willens.

„Ein Wunsch muss also eine bestimmte Rolle erfüllen, um ein Wille zu werden: Er muss uns *in Bewegung setzen.* [...] Damit Ihr Wunsch handlungswirksam werden kann, müssen Sie eine Vorstellung von den Schritten haben, die zu seiner Erfüllung führen. Dass ein Wunsch das Verhalten im Sinne eines Willens zu lenken beginnt, bedeutet, dass ein gedanklicher Prozess in Gang kommt, der sich mit der Wahl der Mittel beschäftigt. Ein bloßes Wünschen verlangt diesen Schritt nicht" (ebd., S. 37).

Das kann als präzise Zusammenfassung dessen verstanden werden, worum es in der ersten Phase geht. Es wird treffend der Weg beschrieben, auf welchem jede und jeder bei sich zu klären hat, was sie oder er will und ob die Mittel dazu ausreichend vorhanden sind. Auch prüfen alle, ob Mediation ein Mittel sei, mittels dessen sie ihre Willensausrichtungen koordinieren können oder nicht.

Dass diese intersubjektive Ko-Evolution möglich wird und weitergeht, hängt vom Austausch aller mit allen auf der Grundlage ihrer eigenen Autonomie ab. Alle tragen auf physische und psychische Weise zu dieser zirkulären Bezogenheit bei: Welches Gesicht A gegenüber B zieht, hängt auch vom Gesicht Bs ab. Davon kann abhängen, ob zwischen ihnen überhaupt etwas Neues in Gang kommt. Stellt M an Frau A die Frage, was sie gerade jetzt tun könnte, damit ihr Kollege B anders auf sie zugehe, antwortet sie vielleicht: „Er macht ja nicht alles falsch." Das bestätigt aufkeimende *Anerkennung* von B, was zur bisherigen

Abwertung einen Unterschied macht. Ein starres Muster bricht auf, „verstört“ von einer zirkulären Frage. Sie verändert keine Menschen, sondern bringt Bewegung in den bisherigen Umgang miteinander, und dafür braucht es mindestens zwei. Für die Praxis ergibt sich daraus, dass die erste Phase sorgfältig gestaltet und nicht im Eiltempo absolviert werden sollte.

Unterschiede wahrnehmen, aushalten und zu verstehen versuchen (3. Phase)

Die dritte Phase stellt die Weichen dafür, ob es rückwärts- oder vorwärtsgeht oder zu einem Patt kommt. Was immer eintritt, es ist die jetzt erfolgende Operation eines autonomen Systems.

Diese Phase antizipiert etwas, das noch gar nicht erreicht wurde, dass nämlich Ergebnisse schon gefunden sind. Bevor über sie diskutiert wird, werden ihre Gütesiegel geprägt, nach welchen sie dann überprüft werden, nachdem sie auf dem Tisch liegen. M stellt z. B. einleitend die Frage: „Angenommen, Sie haben Lösungen, welche Absichten, Interessen, Bedürfnisse sollten sie bei jedem von Ihnen abdecken? Welche Bedenken, welche Ängste vor der Zukunft sollten sie berücksichtigen und ausräumen?“ Reihum haben nun alle die Möglichkeit, sich dazu zu äußern.

Dass sich hier Unterschiede von Person zu Person auftun, ist zu erwarten. Sie sind oft mehr emotional als rational, sie sind sozial, ideell, fachlich, verbunden mit Taktiken und Finten, mit heimlichen Absichten und Zielen. Wer erwartet, die Unterschiede müssten jetzt verschwinden, greift nach den Sternen, denn gerade sie sind mit der individuellen Autonomie verbunden, die sich nicht grundlegend ändern wird. Wären sie nicht mehr da, würde der Vermittlung sogar jener Boden fehlen, auf dem Unterschiede sich als Chancen und Bereicherung anbieten. Unterschiede enthalten Energien zur innovativen und konstruktiven Kommunikation, dazu, sich gegenseitig anders kennenzulernen, durch neue Sichtweisen bezüglich der Inhalte und Probleme Ideen zu schöpferischen Lösungen auf einer andern Ebene (Lösungen zweiten Grades) zu finden. *Unterschiede und Gegensätze bedingen und ergänzen sich.*

Diese Denkfigur, Gegensätze würden sich er-gänzen, da sie zu einem Ganzen gehören, ist in einer von polarisierenden Dualismen (entweder – oder, „Du oder ich, ich aber auf keinen Fall") geprägten Kultur nicht eben geläufig. Unterschiede im Streit Verstrickter gelten eher *als unverträglich und sich ausschließend.* A: „Inhaltlich gibt es nur eine Sicht, meine. Nur wer sie mit mir teilt, mit dem rede und arbeite ich zusammen." Wenn B dann widerspricht, ist das für M erfreulich, nur, wie lässt sich A in seiner Position irritieren, statt sie nur umso sturer zu vertreten? M könnte es so versuchen: „Sie, Herr A, sagen, es gebe nur eine Lösung. Welche könnte die andere sein?" B statt A würde dann vielleicht antworten: „Meine." M könnte A und B nun fragen: „Könnten Sie beide Lösungen zu einer neuen zusammenlegen?" Die Perspektive von A wird so mit der von B zu einer neuen verbunden.

4.6 Erkennen und Anerkennen von unterschiedlichen Perspektiven

A und B werden eingeladen, sich in die Perspektive des anderen zu versetzen, was zwar nur begrenzt möglich ist, aber Verständigung einleiten kann. Davon wird noch zu reden sein. Zweierlei sei jetzt schon festgehalten: Es geht einerseits darum bewusstzumachen, dass es unterschiedliche Perspektiven gibt, um zu ermöglichen, dass man ihnen Rechnung trägt, auch wenn man sie nicht teilt. Das versteht sich keineswegs von selbst und ist nicht bloß eine intellektuelle Sache, sondern betrifft das Vermögen zur *einfühlsamen Einstellung* (Empathie) gegenüber Anderen. Abbildung 9 will verdeutlichen, dass der Weg vom Er-

Die Abbildung ist von unten, 0, nach oben, 4, zu lesen.

	Stufen der Perspektiven-Übernahme	Gestaltung der Intersubjektivität	Norm	Ziel
4	„MENSCHHEIT" Systemperspektive der „generalisierte" Andere: der Mensch	BEZOGENHEIT ALLER ALS MENSCHEN ganze Spannbreite der Möglichkeiten von Respekt der Würde bis Vernichtu ng der Ehre	im Falle der MENSCHEN-RECHTE: Suchen von KONSENS	EINHEIT IN DER VIELFALT im allgemeinen Interesse hat Verständigung Vorrang.
3	VERSTEHEN Übernahme der konkreten persönlichen Perspektiven aller Teilnehmer, bestmögliche INTEGRATION aller Perspektiven	WIR -BILDUNG Gesprächsbereitschaft und Vertrauen, dass *wir zusammen* einen Weg finden, der für alle stimmt. EMPATHISCHER KONSENS	EINSCHLUSS gemeinsame Konstruktion konsensueller Wirklichkeit z. B. in einer MEDIATION	EINIGUNG 2. Grades Verstehen, Einbeziehen der Unterschiede in die Lösungen Geben und Bekommen
2	KOORDINIEREN der Perspektiven	BEI SICH BLEIBEN Ich sehe es anders, als du und du anders als ich Bereitschaft zum KALKULIERTER KOMPROMISS	WIE DU MIR... Meine neben deinen Interessen.	EINUNG 1. Grad Geben bedingt Nehmen und um gekehrt
1	SPALTUNG in unverträgliche Perspektiven	JEDER FÜR SICH: Ich habe recht, nicht du. KONTRADIKTION der Positionen	RECHT + WAHRHEIT, geregelte Machtausübung	GEWINNEN – VERLIEREN via Delegation an Dritte
0	VERNEINUNG von Perspektiven, unilaterale Ego-zentrik	Es gibt nur meine *absolut richtige Sicht. Sie ist nicht vehandelbar, deshalb ist* Dialog NONSENS.	AUSSCHLUSS durch GEWALT, manichäischer Fundamentalismus, absolut	Wahr und Falsch, Gut und Böse schließen sich aus. Gutes muss Böses für immer Vernichten.

4 Spannbreite zwischen wechselseitiger Bejahung und absoluter Verneinung
3 + 2 Bereiche selbstbestimmter Verständigungsmöglichkeiten
1 Bereich delegierter und fremdbestimmter Sichtweisen
0 Von der Negation zur Liquidation anderer

Abb. 9: Fließmuster betreffend die Anerkennung und Ablehnung von Perspektiven

kennen zum Anerkennen von Unterschieden nicht nur lang, sondern auch unbegehbar sein kann. Die Gründe dafür liegen auch da in der Autonomie der Beteiligten und der Frage, wie und ob etwas in der Verbindung mit anderen in irgend einer Richtung bewegt werden kann. Zur Abb. 9 sei folgendes erläutert:

Von null unten nach vier oben wird ersichtlich, dass der Weg von einer Stufe zur andern voraussetzt, dass Perspektiven und Unterschiede überhaupt erkannt und dann auch anerkannt werden.

Stufe 0 ist „fundamentalistisch", die Basis für Ausschluss und Gewalt. Wenn nichts sie verstören kann, sind Verstehen und Verständigung aussichtslos. Zu ihrem bevorzugten Vokabular gehören Wahrheit, Objektivität, Gottes Wille, Nationalismus, Rechthaben, Sieg des Guten, Achse des Bösen, Auserwählung gegen Verdammung. Im eigenen Namen wird weniger aufgetreten als im Namen von anderen und anderem (z. B. von Gott, irgendeiner Autorität, Koran, Bibel, Ehre, Ideologie, Nation, Rasse, Marktcredo). Die Denkfigur ist eindimensional, die Handlungsrichtung monopolistisch mit dem Ziel, die Unterschiede nicht wegzuwalzen, sondern gar nicht zur Kenntnis zu nehmen. Auch gibt es nichts zu verhandeln. Entweder jemand gehört dazu und ist dann auf der richtigen Seite, oder er wird psychisch, moralisch, sozial, politisch oder sonstwie zunichtegemacht. In eine Mediation werden sich Fundamentalisten kaum verirren.

Stufe 1 *erkennt* zwar Unterschiede, *erkennt* sie jedoch nicht *an*. Es gilt nur die eigene Ansicht. Die bevorzugte Kommunikation erfolgt in delegiertem oder direkt ausgefochtenem Kampf. Man tut alles, um zu spalten. Verhandeln bringe nichts.

Die **Stufen 2 und 3** gehen je einen Schritt weiter. Beide anerkennen Differenzen und *tragen ihnen* unterschiedlich *Rechnung*.

Der *Kompromiss* (**Stufe 2**) lässt die verschiedenen Standpunkte (Positionen) nebeneinander stehen, verbindet sie nur additiv mit dem Versuch, für sich so viel wie nur möglich herauszuholen. Er beruht auf einer taktischen Berechnung: Was ich diesmal nicht kriege, hole ich mir anderswo oder ein anderes Mal. Dieser Bazar ergibt Zwischenlösungen und benutzt das Feilschen als bevorzugte Kommunikation. Dass ich gebe, ist an die Bedingung geknüpft, dass du zuerst gibst (Do, ut des). Da das in Sackgassen führt, taktiert man, um wieder herauszukommen, ohne sich bloßzustellen, Schwächen zu zeigen, sich selber zu kompromittieren. Was als *Kompromiss* herauskommt, bleibt vorläufig und führt nicht zu *Gewinn und Verzicht um des Gewinnes willen.* Das zu Grunde liegende Problem wird vertagt (Einigung 1. Grades). Der Konflikt, welcher das Problem orchestriert, geht weiter, und es wird weiterhin unversöhnlich an den Positionen festgehalten. Man ist einander nicht nähergekommen, eher im Gegenteil.

Auf **Stufe 3** wird im optimalen Fall ein *Konsens* erzielt, in welchem alle durch faire Verhandlungen – als der privilegierten Kommunikation – sich finden und zu Gunsten aller einen Abschluss finden. Keiner nimmt dem andern etwas weg, sondern bekommt das, worauf der andere verzichtet, um seinerseits etwas zu bekommen, das er vielleicht gar nicht erwartet hatte: Es entsteht etwas Neues (Einigung 2. Grades). Möglich wird es dadurch, dass jeder Ein-Blicke in Vorannahmen (Vorurteile), Motivationen, Forderungen, Absichten, Interessen, Ängste hinsichtlich der *Zukunft* bekommt. Man beginnt, sich zu verstehen und entwickelt, je nachdem bzw. wem, Verständnis für die Sache des anderen und wachsende *Empathie* füreinander.

Der Blick nach vorwärts bestimmt die Zeitrichtung dieser Stufe: Abrechnung mit der Vergangenheit, Vergeltung, Rache, Genugtuung stehen (nicht mehr) im Zentrum. Beim Kompromiss (Stufe 2) ist das nicht so: Auch künftige Feilschereien knüpfen an Vergangenes an und beginnen wieder am gleichen Punkt, weil das damals Erreichte noch nicht erledigte Vergangenheit ist.

Die **Stufen 2 und 3** umgrenzen den Aktionsradius der Vermittlung insofern, als diese häufig zwischen Kompromiss und Konsens hin und her pendelt, so dass am Ende ein Gemisch aus beiden bleibt. In einem Punkt wurde vielleicht ein stimmiger Konsens gefunden, bei anderen blieb es beim wenn auch nicht „faulen“ Kompromiss. Optimal wäre der Konsens. Doch sei nicht vergessen, dass es auch einen Dissens brauchte, damit man sich überhaupt in Richtung Konsens bewegen konnte: Einig werden können sich nur Uneinige. Der Verlauf einer Vermittlung ließe sich raffen auf drei Schritte: Dissens ⇒ Nonsens ⇒ Konsens. In der dritten Phase kann es sein, dass klar wird, wie absurd und sinnlos, welch ein Nonsens der Dissens ist, was den Weg hin zum Konsens erst öffnet.

Zusammenfassend: Dass man sich innerhalb der Bereiche 2 und 3 bewegt, stellt gegenüber 0 und 1 einen Paradigmawechsel in der Kommunikation dar: „Entweder – oder“ (Ausschluss) macht dem „Sowohl – als auch“ (Einschluss) und dem „Weder – noch, sondern …“ (Alternative) Platz.

Stufe 4 bildet schließlich bildet den Gegenpol zu 0 und rückt ab Stufe 2 zunehmend in den Horizont des Denkens und Handelns, welcher dann im letzten Kapitel noch auf die allgemeinen Menschenrechte hin erweitert wird.

Die Perspektive eines anderen übernehmen heißt nicht, sie sich zu eigen machen – was aus Gründen, die uns noch beschäftigen werden, ohnehin schwierig bis unmöglich ist –, sondern es bedeutet, sie in den gemeinsamen Verhandlungsraum hineinnehmen und ihr bei „umsichtigen“ Einigungen Rechnung tragen. Die Interessen und Bedürfnisse aller sollen darin Platz haben, auch wenn gerade sie es sind, welche von einer Person zur anderen die Unterschiede ausmachen, die anzuerkennen sind.

5. Das autonome Kommunikationssystem

„Es gibt auf der Welt nichts, was nicht zu einem anderen in einem Wechselverhältnis stünde. Aber nur von einem Teil ausgehend, kann man das nicht erkennen. Darum sage ich, [...] das eine wird durch das andere bedingt, Möglichkeit und Unmöglichkeit, Bejahung und Verneinung. Jedes schließt seinen Gegensatz in sich."

(Tschuang-Tse 1936)

Was das Soziale am System Mediation ausmacht, blieb bisher noch offen. Luhmann und Simon geben die Richtung an: Es sind die Kommunikationen und ihre Verbindung. Da die Vokabel „Kommunikation" zu abgegriffen ist, kann nicht unbesehen damit hantiert werden. Es braucht zunächst die „Anstrengung des Begriffs" (Hegel), welche gleich ziemlich ausführlich unternommen werden soll.

5.1 Kommunikation, Information, Instruktion

Wenn ein Amt eine Vorschrift erlässt oder eine Bank die Erhöhung der Hyothekarzinsen mitteilt, kommunizieren sie nicht, sondern informieren Empfänger, die die Information entgegennehmen, ohne aktiv am Geschehen teilzunehmen (partizipieren). Es wird ihnen etwas verteilt, mit ihnen aber nicht geteilt. Sie werden instruiert darüber, was ab jetzt gilt. Die Kommunikationsmedien verabreichen Konsumgüter. Man konsumiert ihre Informationen, lässt sich damit volllaufen, um vielleicht Leere auszufüllen, Neues oder das Gleiche vorgesetzt zu bekommen. Was man schon weiß, ist auch keine Information mehr. Für Gregroy Bateson (1979, dt. 1982) ist Information „jeder Unterschied, der einen Unterschied macht."

Mit dem (Ab-)Sender kann der Fernempfänger nicht reden, wohl aber mit jenen, die mit ihm fernsehen. Sie können miteinander teilen, sich mitteilen und aneinander Anteil nehmen – *kommunizieren.*

Kommunikation, beim Wort genommen, kommt von lat. *communicare, communio, communicatio* und bedeutet „mitteilen, teilen und miteinander tragen, miteinander besprechen, sich beraten, etwas gemeinsam machen". Es kommt ein intersubjektiver Kreislauf zu Stande. Das geht mit einer Maschine nicht, sondern nur im Hin und Her von Mensch zu Mensch, unmittelbar von Angesicht zu Angesicht, mittelbar über Dinge, Apparate (Handy), Symbole (Rosen), Briefe, Ohrfeigen, den bösen Blick ... Mittelbares kommuniziert für sich allein noch nicht. Erst wenn die von A übermittelte Botschaft bei B ankommt und von ihm entschlüsselt wird, steht er mit A in Verbindung und Gemeinschaft. Die Vorsilbe *com* doppelt nach, dass Kommunikation intersubjektiv oder nicht ist. „Man kann nicht allein kommunizieren, handeln hingegen kann man allein" (Simon 2006, S. 88). Allerdings ist das kein Grund für philanthropisches Schwärmen, wie schön es doch sei, miteinander zu reden, sondern man muss ganz nüchtern feststellen, dass es unmöglich ist, nicht zu kommunizieren, wo immer Menschen an etwas teilnehmen, an Festen, bei der Arbeit, im Krieg, auf der Flucht vor einer Naturkatastrophe, im trauten Gespräch – in der Mediation. Dass kommuniziert wird, ist eine banale Feststellung, aber wie es geschieht, ist entscheidend.

5.2 Von der Unmöglichkeit, nicht zu kommunizieren

Dieser Titel wandelt das Axiom *„Man kann nicht* nicht *kommunizieren"* (Watzlawick et al. 1967, S. 53 ff.; Hervorh.: J. D.-

von W.) ab, das auf schon dem weiter oben beschriebenen Befund beruht, dass Menschen unentrinnbar aufeinander bezogen und voneinander abhängig (interdependent, nicht independent) sind schon allein deshalb, weil es sie gibt, und sie *Intersubjekte* werden, wo immer sie miteinander zu tun haben. Wer Feinde haben will, wird dafür sorgen, wer das nicht will, kann sie trotzdem haben. Elternsein ohne Kinder geht nicht auf, ohne Mediаnden kann ich nicht Vermittler sein.

Kommunikation vollzieht diese Bezogenheit im Reden, Hören, Schweigen, Sehen, Tönen, Riechen, Tasten, mit allen bekannten und, wer sie hat, noch mehr Sinnen. Sie bekommt ihren „Stil" durch die individuelle Eigengesetzlichkeit der teilhabenden und -nehmenden Personen. Ihr Organismus verleiblicht Kommunikation durch Körperlichkeit (Ästhetik, Gestik). Was Geist und Seele mitteilen, bekommt seine Fließmuster in zugewandten oder abgewandten, freundlichen oder feindlichen, übermächtigen oder hilflosen Ausdrucksformen.

Kommunikation, ein Fluss mit drei Strömungen

a) Die *verbale* Kommunikation ereignet sich durch Laute, Wörter, Sätze, Texte, deren ständig werdende und vergehende Fließmuster variabel sind. Die gleichen Intersubjekte können sich angenehm unterhalten, wüst anbrüllen, säuselnd bezirpen, aufrichtig loben, konstant benörgeln, schamlos belügen, von oben herab belehren, instruieren, zurechtweisen, überzeugen wollen. Wenn sie anderen gegenüber nichts von alledem, dafür anderes machen, hängt das auch von diesen anderen ab.

b) Ton und Klang des Gesprochenen machen das *Paraverbale* aus. Anflehen und Beschimpfen tönen anders als Vorwürfe und Komplimente. In den Tonlagen, Melodien und Lautstärken lässt sich die Psyche mit ihren Stimmungen, Ängsten, Freuden, mit Verachtung, Bewunderung, Trauer hörbar „verlauten".

c) Der Organismus spricht sichtbar durch *Gebärden, Blicke, Bücklinge, aufrechten Gang* (analoge oder „Körpersprache"). Blitzende Augen, verlockende oder verächtliche Blicke, kosende und zuschlagende Gebärden, der Rücken oder die dargebotene Hand drücken An- und Abwesenheit, Zu- und Abwendung aus.

Alle drei Sprachen werden immer gleichzeitig gesprochen. Die verbale kennt den Wechsel von Hören und Reden; wer hört, spricht nicht, wer schweigt, hört, auch wenn er die Ohren auf taub stellt, was jedoch kein passives, sondern sogar ganz aktives Hören sein kann, das vielleicht nur auf das Stichwort wartet, um eine verbale Sturmflut auszulösen.

Deutung, Bedeutung und Missdeutung

Eindeutig ist keine der drei Sprachen. Deshalb werden sie gedeutet, wie, hängt davon ab, wer es mit wem, wann und wo macht. Geht man davon aus, dass das, was gesagt wird, immer zu jemandem gesagt wird, können Bedeutungen und Missdeutungen nur im Gespräch geklärt werden. Missverständnisse beruhen auf Fehldeutungen, wobei z. B. Gesagtes und Gehörtes sich nicht decken. Man redet aneinander vorbei. Was von A kommt, wird von B autonom wahrgenommen und voneinander abweichen, weil A nicht B und B nicht A ist.

Erst wenn sie sich darauf einigen, was jeder heraus- und hineinhört, klären sich Inhalt, Sinn, Absicht usf. Wenn A zu B sagt, er wisse genau, was sie meint, könnte für B nur eine Aussprache darüber ihre Vermutungen und Zweifel beheben. So über Kommunikation zu kommunizieren ist *Metakommunikation – Kommunikation über Kommunikation.*

Was A auf seine Weise (autonom) zu B sagt, wird von B autonom gehört. A hat zu verantworten, was er sagt, B, was sie hört. Während A spricht, hört B nicht nur zu, sondern spricht auch, und zwar nicht bloß, wenn sie dreinredet, sondern indem sie hört, spricht sie nonverbal. Gesagtes und Gehörtes lösen gleichzeitig Rückmeldungen (Feedbacks) aus. Während A spricht, grinst und zischt B vielleicht zynisch, was bei A sich nicht nur auf sein Sprechen auswirken, sondern auch paraverbal hörbar und körpersprachlich sichtbar wird. Wer empfängt, sendet gleichzeitig und umgekehrt. Kommunikation ist ein steter Kreislauf, und wie bei einem Kreis ist es schwer auszumachen, bei wem, wo und wann er beginnt. Kommunikative Kreislaufstörungen gehören zum normalen Programm autonomer Menschen. Sie kommunizieren miteinander, auch wenn sie sich nichts zu sagen haben. Dass wir kommunizieren, ist keine Frage, nur wie, ist wohl eine. Auch *darüber* wäre zu reden. Gelegenheiten zur Metakommunikation bieten sich in jeder Mediation. Wenn sie verpasst oder nicht wahrgenommen werden können, wird Wesentliches fehlen: die *Verständigung*.

Konsonanzen und Dissonanzen der drei Sprachen

Die drei Sprachen stimmen nicht immer überein. Wenn die Musik der Worte mit der Körperhaltung übereinstimmt, besteht Konsonanz: Angenehme Töne begleiten freundlich Sätze. Dissonanz entsteht, wenn aggressive Trompetenstöße freundliche Worte übertönen. „Ich habe nie gesagt, verdammt noch mal, dass ich dich nicht liebe!“, klingt nicht nach einer Einladung zum Tanze. Wenn A von B mit Blicken aufgespießt und über den Grill gehalten, mit der Faust bedroht, angebrüllt und verbal zur Schnecke gemacht wird, passen Worte, ihre Musik und die Gesten zusammen, verstärken sich sogar gegenseitig bedrohlich.

Wenn M sich dem vor Wut aus den Fugen geratenen A zuwendet, indem sie sich nach vorne neigt (analoge Körpersprache der Zugewandtheit), eine beruhigende Geste macht, in klaren Worten (verbal) und mit ruhiger Stimme (paraverbal) wiederholt, was bei ihr ankommt, sind ihre Sprachen im Einklang miteinander und bilden einen deutlichen Kontrast zur konsonanten oder dissonanten Sprache von A. Ob sie jedoch besänftigend wirken, kann M nicht vorher, sondern erst während oder nachher wissen. Es kann sein, dass sich A beruhigt. Vielleicht gerät er aber noch mehr in Rage, fühlt sich nicht verstanden, nicht genug unterstützt oder gemaßregelt. Da wäre zu metakommunzieren, damit man miteinander wieder ins Lot kommt. Dabei könnte M sowohl sich als auch A fragen, ob und was sie selber dazu beitragen hat, dass A sich so äußert. Beide sind ja jetzt aneinander beteiligt im Wahrnehmen, Sprechen, Verhalten und Fühlen. Damit sind wir direkt beim Thema des sozialen Systems.

5.3 Das soziale System besteht und entsteht aus Kommunikationen

> „Soziale Systeme bestehen aus Kommunikationen (als Elementen) und deren Relationen zueinander. Das heißt, die Elemente sozialer Systeme sind in dieser Modellierung nicht irgendwelche materielle Einheiten, sondern *Ereignisse*“ (Simon 2006, S. 88; Hervorh. im Orig.).

Es mag überraschen, dass nicht einfach Menschen und ihre Beziehungen das Soziale eines Systems ausmachen, nachdem wir sonst wie selbstverständlich annehmen, ein System bestehe aus mindestens zwei Personen, z. B. Paaren, Familien, Arbeitsgemeinschaften, alpinen Seilschaften. Zudem seien Zusammenhalt, Kontinuität, Struktur und Abläufe garantiert und geprägt von der Art ihrer Beziehungen auf Grund der organischen und psychischen Gegebenheiten und der Abgrenzung nach außen. Das sind sie als Voraussetzung dafür, dass ein soziales Kommunikationsnetz erst entstehen und bestehen kann. Sozial ist der aktive Austausch in allen drei Dimensionen der Kommunikation. Ihr Zusammenhang ist jedoch dermaßen komplex, dass er jedem generalisierenden Modell entgeht. Man denke etwa an die unterschiedliche Bedeutung der gleichen Geste oder des Augenkontakts in einzelnen Kulturen.

Mediation als fokussierte Kommunikation im abgegrenzten System

Das gilt immer noch für alle Humansysteme. Das unterscheidende Merkmal vom einen zum andern besteht erst in der systemeigenen Kommunikation. Eine Forschergruppe kann fachspezifisch kommunizieren und dabei Bier trinken. Der Fokus ihrer Kommunikation liegt allerdings nicht auf dem Bier, sondern auf dem Fachlichen. Mit Trinken kommunizieren sie gleichzeitig ebenfalls.

Fokussierter Austausch in der Mediation, was heißt das? Eine Scheidungsfamilie ist kein Mediationssystem, bevor sie Vermittlung in Anspruch nimmt und mit M zusammen ein anderer Kommunikationszusammenhang entsteht. Der häusliche wäre dafür ungeeignet, weil auf das aktuell Häusliche eingeschränkt. Der Fokus von Aufmerksamkeit und Auswahl verschiebt sich nun auf die Folgen der Konflikte und die künftige Gestaltung des familiären Lebens, die Regelungen von Umgang, Wohnung, Finanzen u. a. m., mit dem Ziel, gemeinsam zu tragfähigen Lösungen zu kommen. M achtet darauf, dass das System nicht nach allen Seiten hin ausfranst in Nebenbereiche, Kriminalarchive der Vergangenheit und sonstiges mehr. Das alles verlangt „eine genaue Angabe derjenigen Operationen, die die Autopoiesis des Systems durchführt und damit ein System gegen die Umwelt abgrenzt“ (Luhmann 1997, S. 81). Die „Operationen“ beziehen sich jetzt auf den kommunikativen Umgang in der Vermittlung.

„*Was nicht in die Kommunikation kommt, existiert sozial nicht*“ (Simon, 2006, S. 91; Hervorh. im Orig.), was kommuniziert wird, macht also das Soziale aus. Was absichtlich verschwiegen wird, existiert sozial auch. Wird die Kommunikation damit „ungeeignet" eingeschränkt? Ja, falls es taktisch gegenüber anderen Anwesenden erfolgt und man es zudem gerne nur dem Mediator unter vier Augen mitteilen würde. Wird über etwas geschwiegen, das vermittlungs- und entscheidungsrelavant ist, kommt zudem ein weiteres Prinzip der Mediation ins Spiel, nämlich das der „vollen und gleichen Informiertheit" aller darüber, was hier und jetzt sozial existieren, also kommuniziert werden sollte.

Was Simon sagt, lässt sich auch personalisieren: Wer nicht teilnimmt, ist aus dem System ausgeschlossen („exkommuniziert"), sei es, dass andere es so wollen oder jemand aus freien Stücken wegbleiben will. Es ist kaum zu verhindern, dass *über* Kinder, Mitarbeiter, den Chef, Nachbarn, eine Gruppe von Chaoten und so weiter geredet wird, aber nicht *mit* ihnen. Dann existieren sie als Teilnehmende und Kommunizierende sozial nicht, weil kein Austausch mit ihnen stattfindet.

Kommunikationen als autonomes Gewebe

„Ein soziales System kommt zustande, wenn immer ein autopoietischer Kommunikationszusammenhang entsteht." Es besteht „aus Kommunikationen [als Elementen] und deren Relationen untereinander" (Simon 2006, S. 88).

Diese Kommunikationen und Relationen stellen nicht bloß eine Reihe unverbundener Sätze und Gesten, sondern ein Gewebe dar, dessen Teile (Einzelaussagen) nicht isoliert betrachtet und „aus dem Zusammenhang gerissen" werden können, wenn sie nicht ihre systemgebundene Bedeutung verlieren sollen. Was jeweils in ein anderes soziales System hineingetragen wird, bekommt dort einen andern Sinn. Wenn A ihrer Anwältin verrät: „Mein Mann hat in der Mediation zugegeben, dass er in der Schweiz Schwarzgeld hat", würde diese ihre Mandantin schlecht vertreten, wenn sie daraus nicht Kapital schlagen würde. Doch A hätte nicht nur ihren Mann, sondern das ganze Vermittlungssystem verraten, Vertrauen und Loyalität gebrochen, auf welche sie sich in der ersten Phase der Vermittlung verpflichtet hatte.

Was eine Einzelne sagt, richtet sich an alle, nicht nur, weil alle es hören. Auch wenn sie sich dabei an eine bestimmte Person richtet, was ja auch ganz normal ist, ist es für alle im Raum, und der weitere Verlauf wird zeigen, was bei anderen angekommen und hängengeblieben ist und was daraus entsteht. Fokussiert man systemisch auf den Zusammenhang aller Kommunikationen im jeweiligen System, ergibt sich eine Aussage aus anderen heraus, auch wenn sie abrupt, ohne jeden Zusammenhang damit und „völlig daneben" erscheint. Nicht nur wenn, sondern auch dass chaotisch durcheinandergeredet, mit rotem Kopf „Wesentliches" übergangen wird, kann das ebenso wenig einem allein zugeschrieben werden wie das, was jeder Einzelne sagt und beschweigt.

> *„Kommunikation ist genuin sozial insofern, als sie zwar eine Mehrheit von mitwirkenden Bewusstseinssystemen voraussetzt, aber (ebendeshalb) als Einheit keinem Einzelbewusstsein zugerechnet werden kann"* (Luhman 1997, S. 81; Hervorh.: J. D.-von W.).

Mit dem „Bewusstseinssystem" der Einzelbewusstseine wird das Intersubjektive der Kommunikation beschrieben, was hier als „intersubjektiver Zwischenraum" bezeichnet wird.

> „Ein Kommunikationssystem ist deshalb ein vollständig geschlossenes System, das die Komponenten, aus denen es besteht, durch die Kommunikation selbst erzeugt […]. Dass dies nur in einer Umwelt und unter Abhängigkeit von Beschränkungen durch die Umwelt geschehen kann, versteht sich von selbst. Etwas konkreter formuliert, bedeutet dies, dass das Kommunikationssystem nicht nur seine Elemente – das, was jeweils eine nicht weiter auflösbare Einheit der Kommunikation ist –, sondern auch seine Strukturen selbst spezifi-

> ziert. Was nicht kommuniziert wird, kann dazu nichts beitragen. Nur Kommunikation kann Kommunikation beeinflussen [...], kontrollieren und reparieren" (Luhmann, zit. bei Simon 2006, S. 89).

5.4 Gegenwart der Kommunikation

Soziale Systeme „gibt" es nicht, sie sind nicht einfach immer schon da, sondern *ereignen* sich jeweils erst im Hier und Jetzt, von einem zum anderen Mal anders und kein weiteres Mal gleich.

> „Jede einzelne Kommunikation ist ein Ereignis, das in dem Moment, wo es realisiert wird, auch schon wieder vergangen ist. Die Autopoiese des sozialen Systems wird so lange aufrechterhalten, wie die Kommunikation fortgesetzt wird" (Simon 2006, S. 88).

Die intentionale Zeitausrichtung eines Vermittlungssystems ist zwar jeweils die buchstäblich *vergegenwärtigte Zukunft*, auch wenn Vergangenes vergegenwärtigt wird. Die Geschichte eines Paares begann als Liebesgeschichte und endet nun als Trauerspiel oder Kriminalgeschichte. Dass biografische Inhalte *jetzt* zu Argumenten gegeneinander, zum Anlass von Wutausbrüchen und Trauer, Selbstbezichtigungen, Lust nach Vergeltung werden, aber auch Zukunfsvisionen enthalten können, ist naheliegend, nur ist jetzt nicht der Ort, Vergangenes zu verselbständigen oder „aufzuarbeiten". Abrechnungen sind keine Projekte für eine Zukunft, um die es jetzt geht, und gehören deshalb nicht hierher. Da Vergangenheit nun einmal bekannt ist, die Zukunft jedoch nicht, kann es oft schwierig sein, jene loszulassen. Eine Frau durchstöberte einmal das ganze Arsenal der Vergangenheit nach Gründen dafür, wie sie sich vor einer unvorstellbaren Zukunft retten könnte, und kam mit Taschen voller Belege über die Geschäftsführung ihres Mannes zu den ersten paar Gesprächen. M sollte zum Buchprüfer werden, bis ich sie fragte, was sie brauche, um die Hoffnung auf eine bessere Vergangenheit aufgeben können. Das nächste Mal kam sie mit leeren Händen und war ganz da, an der Schnittstelle zwischen dem *„nicht mehr"* und *„noch nicht"*. Erst in diesem – übrigens dem fünften – Gespräch begann die vorwärtsorientierte Vermittlung. Die Beschäftigung mit Vergangenem wurde zum offenbar nicht sinnlosen Vorlauf einer mediativ fokussierten Kommunikation.

5.5 Die rechte Zeit

Zeit in der Mediation ist ein weites Feld. Nur drei Aspekte seien noch aufgegriffen.

a) *Anfangszeit:* Wenn zu Beginn gegensätzliche Positionen und unvereinbare Ziele aufeinanderprallen, der kleinste gemeinsame Nenner vielleicht nur in der Ansicht besteht, so könne es nicht weitergehen, und geklärt werden muss, ob und wie es denn weitergehen könnte, bewegt man sich vielleicht noch auf dem Minenfeld des Misstrauens und der Skepsis. Ist es jetzt überhaupt die rechte Zeit für eine Vermittlung? Es kann zu früh oder zu spät sein. Zu früh, weil man noch nicht motiviert genug ist, um die nötige Energie aufzubringen, nicht mehr wegzuschauen. Zu spät, weil der rechte Zeitpunkt verpasst wurde oder die Situation dermaßen eskalierte, dass es kein Zurück mehr gibt. Und tausenderlei sonstiges.

b) *Unterschiedliche Zeitgeschwindigkeiten:* Die Geschwindigkeit in der Zeit und die Ausdauer sind von Mensch zu Mensch oft deutlich anders, weshalb sie zu *synchronisieren* sind, damit nicht die Schnellen die Langsamen hinter sich lassen oder plötzlich die Sprinter alle überholen – oder überfahren. Als Faustregel kann gelten, dass der Langsamste das Tempo angibt. Das kann auch M sein.

c) *Eigenzeit:* Sind die individuellen Zeiten synchron, erhält das System jene Zeit, welche alle brauchen, um jeweils gleichzeitig am gleichen Ort anzukommen, dort wieder zu starten und schließlich gemeinsam aufzuhören. Wie lange das dauert, lässt sich im Voraus nie sagen, und auch statistische Durchschnittswerte helfen dem konkreten System nicht weiter. Es braucht seine *Eigenzeit*, auch wenn Ungeduld oder überstürzte Entschlüsse sie gefährden. Kommt sie zu ihrem Recht, sind die Ergebnisse des Prozesses sicherer und solider.

5.6 Selbstauflösung zur „rechten Zeit"

> Das System besteht so lange, *als Kommunikationen an Kommunikationen anschließen, „d. h., es muss ein aus diskontinuierlichen Einheiten (den einzelnen Kommunikationen) zusammengesetzter Prozess entstehen, der die Zeit überdauert*" (Simon 2006, S. 88; Hervorh.: J. D.-von W.).

Sind keine anschlussfähigen Kommunikationen möglich, wird das System erst gar nicht entstehen, sind sie nicht mehr möglich, löst es sich frühzeitig auf. Selbst auflösen wird es sich zur „rechten Zeit" ohnehin, im besten Fall dann, wenn es an den gesetzten Zielen angekommen ist und keine weiteren Gespräche mehr anberaumt werden.

6. Verstehen vermitteln

Eine „‚Hermeneutik des Anderen' (entspricht) der grundlegenden Einsicht, dass der Dialog, in dem Denken, Glauben und Fühlen des Anderen Berücksichtigung finden, eine elementare Form der Erkenntnis und Selbsterkenntnis darstellt."

(Pindl 1998, S. 292)

Wer Gelegenheiten mag, sich – wie Mediatrix und Mediator – in Geduld zu üben, hat hier wieder eine zur Verfügung. Für Verhandelnde geht es in diesem Kapitel darum, wie sie sich bei der Vermittlung verstehen, für Vermittler, wie sie verstehend vermitteln.

6.1 Von Mensch zu Mensch

Wer vermittelt und wer verhandelt, setzt dabei *seinen eigenen* (autonomen) Menschen- und Sachverstand ein. Jeder ist sich dafür sein eigener – nicht neutraler – Referenzrahmen.

Menschenverstand

Wie verstehen sich Menschen als Menschen? Wenn wir oben davon ausgingen, alle kämen aus dem alltäglichen (familiären, beruflichen, nachbarschaftlichen usf.) Kontext zur Mediation und nicht zu einem Expertengespräch, setzen sie nicht Expertenverstand ein, sondern ihren Menschenverstand wie im Alltag. Auch M geht mit gesundem Menschenverstand und ohne Röntgenblick auf die Teilnehmenden zu. Was daran gesund sei, wer erdreistete sich, es für alle und immer zu bestimmen? Nehmen wir einfach an, identisch mit sich selber, authentisch, ohne aufgesetztes Fachgebaren, offen und aufmerksam zu sein gehörten dazu. Psychologisches Wissen kann hinderlich sein, wenn M sich verleiten lässt, Menschen in ebenfalls von Menschen konstruierten Kategorien einzukasteln und zu verfremden, statt seinen eigenen Augen und Ohren vertrauen. Es kann ihm aber auch passieren, dass er etwa mit der Frage aufs Glatteis gelockt wird, ob er denn nicht sehe, dass B ein psychiatrischer Fall, ein „hochgradiger Borderliner" (sic!) sei. Wenn M bei seinem Leisten bleibt, wäre die Antwort „Hier nicht" der Situation angemessen. Wer an Menschen interessiert (übrigens ist dieser Ausdruck besser als „neutral") ist, hat unmittelbareren Zugang zu anderen und dazu, wie sie mit ihrem Menschenverstand wirken und was sie damit bewirken. Nach Dudens *Etymologie* (1989) umfasst der Verstand Auffassungsgabe, Denkfähigkeit und Klugheit, also Fähigkeiten, die intersubjektiv autonom, das heißt nach jedes Einzelnen Maß zum Zuge kommen.

Sachverstand

Sachverstand wird hier nicht fachlich eng gefasst. Sache sind die Gesprächsinhalte. Was daran Sache ist, braucht M von allen am wenigsten zu verstehen. Hauptsache ist, dass A bis Z *verstehen*, was für sie alle Sache ist, damit sie entscheiden können, ob sie gemeinsame Sache machen können oder nicht. Nicht der Sachverstand von M, sondern der ihre ist gefragt, und wenn der nicht ausreicht, liegt es an ihnen, ihn anderswo als bei M zu holen. Selbst wenn M über Fachwissen verfügt, setzt sie es jetzt nicht ein, und zwar immer aus dem gleichen Grund, weil sie nicht verhandelt, sondern vermittelt, dass fair und umfassend verhandelt wird. Da es in jeder Sache auch unterschiedliche Meinungen gibt, ist M freier, wenn sie sich mit der ihren zurückzuhalten kann.

6.2 Verstehen verstehen

Was für den einen selbstverständlich (evident) ist, nimmt er für bare Münze und meint, sie wäre auch für andere die richtige Währung. Zu den eigenen Evidenzen eine kritische Distanz zu gewinnen ist eine Voraussetzung dafür, sich und andere zu verstehen. Allerdings machen sie die Identität von Personen, Familien, kulturellen und religiösen Gemeinschaften, Teams und anderem aus. Ob ausdrücklich ausgehandelt und vereinbart oder einfach übernommen, sie sind gemeinschaftsbildend und loyalitätsfördernd. Fremde, also nicht verstandene Evidenzen erzeugen Un- und Missverstand, machen Angst und trennen.

Damit wird die Frage unumgänglich, ob und, wenn ja, wie es denn möglich sei, konkrete Menschen, wie sie leiben und leben samt ihrer von ihren Evidenzen geformten konkreten Lebenswelt zu verstehen. Vieles spricht dagegen. Denn wer kann schon die eigene Haut verlassen?

„Hermetik des Anderen" – Der Andere, das unbekannte Wesen

Jeder ist ein Anderer. Keiner ist der Andere. Alle sind verschieden. Diese Aussagen sind zwar allgemein und leer, bieten jedoch Raum, Inhalte abgestufter Realitätsdichte zwischen Abstrakt und Konkret aufzunehmen, die sich aus Erfahrung ergeben. Indem Mediation von der gelebten Welt der Teilnehmenden ausgeht, setzt sie sich von Anfang an erdwärts in Bewegung, um vom Abstrakten herunterzukommen. Sich mit Anderen zu verständigen und sich mit ihnen zu identifizieren würde dennoch nur gelingen, wenn man mit ihnen identisch wäre. M wird nicht einer der ihren werden. Eines jeden Autonomie bildet die Grenze, die nicht passierbar ist. Daher eine weitere, noch abstraktere Aussage: *Das Allgemeinste, was sich über einen Menschen sagen lässt, ist, dass jede und jeder kon-*

kret ist. Daran scheitert jeder Versuch, ihn „gründlich" zu verstehen. Wer begegnete schon dem „Mensch im Allgemeinen" persönlich? Er wird allerdings immer wieder erfunden.

Die mittelalterliche Philosophie hatte ein Autonomiekonzept, nach welchem das Individuum nicht aussagbar sei („Individuum est ineffabile"), weder für sich selbst noch für Andere. Die Probe aufs Exempel möge jede und jeder mit sich anstellen: Ich verstehe mich nicht in allem, *wer* ich bin, zu sein glaube oder zu sein vermeide. *Was* ich (als Mann, Vater, Philosoph, Musikliebhaber, Verfasser dieser Schrift) bin, weiß ich zwar in etwa. *Wie* ich es bin, kann ich unter anderem im Spiegel Anderer sehen. Auch die Ränder meiner kleinen Welt sind ab und zu deutlich, ab und zu verschwommen erkennbar. Aber es gibt unbekannte, verschlossene, sogar autonome „Gegenwelten" in mir, die auch zu mir gehören. Auch bei Anderen lassen sie sich jedes Mal erahnen, wenn ich ihnen begegne oder sie beobachte.

Bei aller Vertrautheit mit bestimmten Menschen bleibt einem vieles als irrational verborgen, selbst wenn keiner etwas verbergen möchte. Wenn er nicht bis auf die „reine Vernunft" des Rationalismus abmagert ist, kann auch der aufgeklärte Verstand das Irrationale integrieren. Er hat seine eigenen Organe dafür: Einfühlung (Empathie), Imagination. Dass sie verkümmern können, ist allerdings auch eine Erfahrung.

Gerade um das Unverstehbare des Individuums in einen rationalen Zusammenhang zu bringen, bietet sich ein häufig missverstandener Terminus an: *Hermetik* (Rombach 1983). Er benennt die Innenseite, die Rückseite, das Eigene und Einmalige, das sich von außen her, als Außenansicht, dem Verstehen entzieht. Dennoch existiert es sozial. Wer von jemandem sagt, er könne ihn durchschauen, wisse sogar mehr über ihn als er selber, ist kein Hermetiker und hat vielleicht denn auch Mühe, dessen Autonomie zu respektieren, statt zu kolonisieren. Die hermetische Seite des Subjektiven und Intersubjektiven anzuerkennen passt auch in das hier dargstellte konstruktivistische Modell vom Subjektiven des Objektiven. Sie markiert Grenzen der Selbstaufklärung des Menschen durch Menschen. Würde sie nicht bestehen, wieso gäbe es dann allenthalben noch so viel Streit darüber, was der Mensch sei, dass Menschen sich deswegen sogar umbringen oder versuchen, sich Anderer zu bemächtigen? Dem Verstehen kann der *Dialog* weiterhelfen. Der Monolog auch des selbstsicheren Menschenkenners kann dagegen wenig ausrichten, außer im schlimmsten Fall über Andere Unheil, Gewalt und Ungerechtigkeiten bringen. Der Respekt vor Anderen respektiert ihre Hermetik der Autonomie. Der Dialog lebt davon.

„Hermeneutik des Anderen" im Dialog

Die so verstandene Hermetik könnte als die Rückseite der „Hermeneutik des Anderen" (Pindl 1998, S. 292) gesehen werden. Als Wissenschaft befasst sich die Hermeneutik (vgl. die Verben griech. *hermeneuein*, lat. *interpretari*) mit Erklären, Auslegen, Dolmetschen, Offenlegen, Öffentlichmachen, Aufdecken von etwas. Sie setzt Unerklärtes, Verborgenes und Geheimes, also „Hermetisches", geradezu voraus.

Auf den Ausdruck „Hermeneutik des Anderen" stieß ich bei Streifzügen durch die Geschichte der Mediation, diesmal des 13. Jahrhunderts. Im Kommentar einer Schrift (*Der Heide und die drei Weisen*) des Philosophen Ramon Lull (oder Lullius), verfasst zwischen 1274 und 1276, arbeitete sein Interpret Theodor Pindl ein Konzept heraus, wie es Lull für einen gedeihlichen Dialog der monotheistischen Religionen für sinnvoll hielt. Da dieses Thema immer aktueller wird, vor allem aber, weil eine Übertragung auf unsere Thematik ohne großen Aufwand möglich ist, seien einige Auszüge zitiert. Den Deutungsrahmen (Kon-text) von Originaltext und Kommentar bildet das, was eben über Verstehen und Mediation gesagt wurde: Verstehen ist nie abgeschlossen. Die folgenden Zitate sind gleichnishafte Belege dafür. Im Mittelpunkt steht ein Konzept des gewaltfreien Dialogs.

> „Lulls Religionsdialog entfaltet sich unter den Bedingungen des Vermögens und der Wirklichkeit des Anderen. Er basiert auf einer ‚Hermeneutik des Anderen', die der grundlegenden Einsicht entspringt, dass der Dialog ... eine elementare Form der Erkenntnis und Selbsterkenntnis darstellt. Der Dialog steht dabei unter der Maßgabe der noch zu findenden ... Wahrheit" (ebd.).

Und wie wir sehen werden, ist das ein nie endender Weg.

Lull entwirft eine Kunst, die Wahrheit zu erfinden („Ars inveniendi veritatem"), nicht zu finden, sondern sie als eine gemeinsame Wirklichkeit zu erschaffen. Dazu erzählt er folgende Geschichte: Ein Missionar will den Sultan von Tunis vom Irrtum des Islam überzeugen.

> „Auf die Bitte des Sultans jedoch, ihm die Wahrheit des Christentums zu beweisen, antwortet der Missionar, man könne das Christentum nicht beweisen, sondern nur glauben. Darauf erwidert der Sultan, er werde nie seinen Glauben für einen anderen Glauben aufgeben, sondern nur ‚Glauben gegen wahrhafte Einsicht' eintauschen. Er wirft dem Missionar vor, ihm seine Religion ersatzlos wegzunehmen und ihn dadurch geistig zu entwurzeln, heimatlos zu machen. Daraufhin verjagt er den Missionar und dessen Gefährten aus seinem Reich" (ebd., S. 294).

Als aufgeklärter Sultan will er mit solchen obskuren Dingen nichts zu tun haben. Der Kommentar dazu: Auch das Mittelalter habe lange Zeit eine „maßgebende Karikatur des Islam" gekannt, welche trotz der durch die Kreuzzüge erhaltenen Informationen gegen besseres Wissen aufrechterhalten wurde. Da ist ein Dialog ausgeschlossen.

> „Mit anderen Worten: Die Wahrheit über den Anderen wird zum ideologisch bestimmten, emotional verankerten und daher äußerst stabilen Stereotyp, gegen das sachliche Information nur schwer durchzusetzen ist" (ebd., S. 295).

In einer Rahmenerzählung wird dann geschildert, wie die Vertreter (die „drei Weisen") jeder der drei abrahamitischen, monotheistischen Religionen einen die Wahrheit suchenden „Heiden" teilnehmen lassen an ihrem Dialog über ihre jeweilige Position. Wie sie den führen, modelliert Spindls Konzept so:

> „Die Dialogfähigkeit und -willigkeit der Vertreter der drei Religionen bedeutet keine Relativierung ihres Glaubens. Lull erfasst die scheinbar paradoxe Situation des Verhältnisses der Religion präzise: Soll ein Dialog wirklich gelingen können, müssen die einzelnen Religionen ihre Wahrheitsansprüche voraussetzen, ohne sich freilich borniert an ihrer Identität festzuklammern. *Identität und Alterität schließen sich nicht aus, sie ergänzen einander. Die Arbeit an der eigenen Identität geschieht nicht mehr gegen den anderen, sondern zusammen mit ihm.* Das ist der große Unterschied zu einem idealistischen Denken oder einer instrumentellen Vernunft, die den anderen lediglich als Projektionsfläche für die eigene Selbstwerdung benutzt. Das ist die Utopie Lulls: Es geht nicht um Gleichmachen, es geht um Konkordanz. [...] Durch den rationalen Diskurs soll [...] ein von emotionalen Überreaktionen, Beleidigungen und Ressentiments unbelasteter Dialog in einem angstfreien Raum ermöglicht werden. Keine Drohungen, keine feindlichen Reaktionen, kein Angriff auf die Religion des Gegners, sondern Darlegung und Erläuterung des eigenen Glaubens, um mehr Verständnis füreinander zu wecken" (ebd., S. 296; Hervorh.: J. D.-von W.).
>
> „Für Lull (ist) der Dialog ergebnisoffen, unabgeschlossen." Sein Ziel „liegt im permanenten Aufeinander-Zugehen, in der niemals nachlassenden Bereitschaft zum Gespräch [...]. Zu welchem Ergebnis die Begegnung der Religionen führen wird, für welche Partei sich der Heide entscheiden wird, weiß niemand im voraus. Eines allerdings steht fest: Keiner der Gesprächspartner verlässt den Hain (wo sie sich trafen) so, wie er ihn betreten hat" (ebd., S. 299).

Das ist wie der Entwurf einer Mediation ohne Mediator, aber im Geist der Mediation. Diesem dialogischen Konzept soll nichts beigefügt werden, außer das Ende der Rahmengeschichte:

> „Bevor die drei Weisen weggingen, fragte der Heide sie voller Erstaunen, warum sie denn nicht abwarten wollten, wie seine Wahl der Religion ausfalle. Die drei Weisen antworteten, sie wollten es nicht wissen, damit ein jeder von ihnen glauben könne, er habe seine Religion gewählt. Zudem gibt es nun für uns ein Thema, über das wir diskutieren können, um kraft unserer Vernunft und unserer Geistesgaben herauszufinden, welcher Religion du den Vorzug geben wirst. Denn wenn du hier vor uns die Religion, die du vorziehst, bekunden würdest, hätten wir kein so gutes Diskussionsthema und auch keinen so guten Anlass für die Wahrheitsfindung“ (ebd. S. 245 f.).

6.3 Vermitteltes Verstehen und verstehendes Vermitteln

Bin ich vom Thema zu weit abgekommen? Obwohl in ganze andere Bereiche hineingeschaut wurde, meine ich, sogar im Nahbereich der Vermittlung geblieben zu sein. Hermeneutik und „Hermetik“ treffen sich bei den gleichen Fragen. Wie weit verstehen sich die Beteiligten? Müssen sie es überhaupt, sodass sie es auch können sollten, wenn sie ans Ziel gelangen wollen? Können sie das nur, wenn sie ihre eigene Identität (= Autonomie) aufgeben? Muss M seine Gesprächspartner verstehen? Nicht primär er, sondern *sie*. Worauf muss *er* sich dann verstehen? Ihnen zu erleichtern, es dialogisch zu lernen.

Verstehen erfolgt in (oft kleinen) Schritten: Es bedingt, sich zunächst verständlich zu machen, um verstanden zu werden. Verstanden habe vom Anderen erst etwas, wenn er es mir ausdrücklich bestätigt. Verstanden haben wir uns, wenn jeder dem Anderen sagt, was er verstanden hat und bestätigen kann, ob und dass es das gewesen sei, was er sagen wollte.

Dem anonymen Autor der folgenden Sätze stimme ich gerne zu:

> „Zwischen dem, was ich denke, und dem, was ich sage, und dem, was ich zu sagen glaube, und dem, was du hörst, und dem, was du hören willst, und dem, was du verstehst und zu verstehen hoffst, gibt es ebenso viele Möglichkeiten, sich nicht zu verstehen."

Vermitteln bedeutet, die Missverständnisse unter die Lupe zu nehmen.

Verstehendes Vermitteln kann Unterschiede nicht auflösen. Hans Saner erwartet daher „Differenzverträglichkeit" (Saner 2002). Wenn damit Toleranz gemeint ist, wäre das ein erster Schritt. Wer tolerant ist, bestimmt einseitig die Grenzen des für ihn Tolerierbaren, und der Tolerierte hat keine Chance, gleichzuziehen. Ein Schritt in diese Richtung, nämlich ebenso deutlich zu machen, was für ihn erträglich ist, würde die Grenzen weder abschaffen noch schließen, sondern durchlässiger werden lassen. Das geht nur, wenn sie bestehen bleiben, gemeinsam ausgehandelt und nicht einseitig verschrieben werden. Dabei müsste keiner seine Identität aufgeben. Es wäre wie ein neuer Gesellschaftsvertrag, und der ist global nicht in Sicht, im Kleinen hingegen da und dort bereits in Kraft, vielleicht dank Mediation. Ihr Respekt vor dem Anderen ist mehr als Toleranz.

Toleranz beinhaltet allerdings einen unberechenbaren Kontroll- und Machtanteil über Andere. Wer allein definiert, was er toleriert, bestimmt einseitig und setzt die Kriterien der Kontrolle fest. Wird es hingegen gemeinsam vereinbart, wird die Macht dazu gemeinsam verteilt und ausgeübt.

7. Mediation – Demokratie und „freier“ Markt

> „Ich versuche, Argumente vorzulegen, die mir [...] vernünftige Interpretationen unserer Lage hier und jetzt zu sein scheinen. (Die Beschreibung) will einleuchten, ohne dass sie den Anspruch erhebt, unter einem ‚universalen' Gesichtspunkt – d. h. unter gar keinem Gesichtspunkt – gültig zu sein; sie weiß, dass sie von jemandem stammt und sich an jemanden richtet, der einen Prozess durchläuft und daher niemals eine neutrale Sicht von ihr hat, sondern immer nur eine Interpretation von ihr wagt.“
>
> (Vattimo 1997, S. 43 f.)

Eine systemische Darstellung der Mediation wäre kontextvergessen, wenn sie nicht über ihre Einzäunung in ein Fach hinausginge. Ihr Modell eines autonomen Systems in seiner Lebenswelt stellt Bezüge zu größeren Systemen her, u. a. zu Demokratie und „freiem“ Markt. Ihnen gegenüber wird nun noch von der Mediation aus bewusst Stellung bezogen. Von Haus aus ist sie keine wertfreie Idee – falls es solche geben sollte, welchen Wert hätten sie dann? –, sondern vertritt Werte, wie Demokratie und Markt es auch tun.

Was nun folgt, ist als Skizze gedacht, welche einer sorgfältigen Ausarbeitung bedürfte, zu der sie selber nur anregen kann.

7.1 Demokratie und Marktwirtschaft als Umfeld der Vermittlung

Geistesgeschichtlich wurzelt die heutige Mediation in der Aufklärung, welche nach Immanuel Kant (1724–1804) der „*Ausgang des Menschen aus seiner selbstverschuldeten Unmünd-*

lichkeit" ist. „Habe Mut, dich deines *eigenen* Verstandes zu bedienenen!" ist also der Wahlspruch der Aufklärung. Dazu „wird nichts erfordert als *Freiheit;* und zwar die unschädlichste unter allem, was nur Freiheit heißen mag, nämlich die: von seiner Vernunft in allen Stücken *öffentlichen Gebrauch* zu machen" (Kant 1784, S. 9, 11; Hervorh. im Orig.). Aus der Aufklärung gingen die rationalen Wissenschaften und politisch die Demokratie, gesellschaftlich die heutige westliche Mediation – und der „freie" Markt hervor.

Demokratie und Mediation, Mediation als Demokratie

Als Politik gewordene Aufklärung weist die Demokratie dem Individuum in *„Gleichheit"* und *„Freiheit"* den obersten Rang zu. Weil aber nicht jeder zuoberst sein kann und damit keiner sich andere als ungleich und unfrei unterordne, kam etwas später noch die *„Brüderlichkeit"* als Loyalität und Solidarität dazu. Von diesem Dreigestirn schließt das Marktmodell nicht nur die Konkurrenten, sondern alle aus, die daran nicht teilnehmen, weil sie dafür zu arm, alt, krank, behindert, ungebildet oder nicht effizient oder nicht wettbewerbsfähig sind. Um effizient und wettbewerbsfähig zu sein, genügt es nicht, nur gut zu sein, sondern besser und schließlich der Beste. Ungleichheit wird zum Muss oder gar zum Zwang. Die unerbittlichen Regeln des „freien" Marktes verlangen also, seine Freiheit zu Gunsten von vielen Freiheiten aufzugeben.

Den geistigen Rahmen dazu gab die Idee vom mündigen Individuum ab, politisch als Mit-Bürgerin und Mit-Bürger, gesellschaftlich als unabhängig, für sich selbst verantwortlich, individuell als privater Unternehmer seines eigenen Daseins zu sein. Der Markt beschert die Freiheiten von Mobilität, Erwerb, Konsum. Wie sich das mit der eigenen und aller anderen Freiheit, Gleichheit und Solidarität verträgt, ist eine höchst aktuelle Frage.

Das aufgeklärte Menschenbild entspricht dem der Mediation, welche ermutigt, sich des eigenen Verstandes zu bedienen, selber wissen zu wollen, worum es geht, um mit Verstand und durch dialogische Verständigung Ergebnisse auszuhandeln, die transparent sind und nicht nur für alle stimmen, sondern auch individuell zufriedenstellen.

Demokratie und Mediation gründen beide auf gleichen Rechten und Pflichten aller, schaffen eine horizontale Ordnung und sperren sich gegen die Herrschaft Einzelner oder weniger („Monarchie und Oligarchie“). Eingebettet in den Rechtstaat, unterbinden sie Willkür durch Selbstjustiz und „Ochlokratie“ – Herrschaft der Strasse (griech. *ochlos* = „Pöbel“). Solange auch die Politik in diesem rechtsstaatlichen Sinn funktioniert, können z. B. Wirtschaft und Militär nicht die Führung übernehmen. Denn würde zum Beispiel die Wirtschaft mit ihren Ungleichheiten zum Maß der Politik, und diese übernähme die Regeln des Marktes samt seinen undurchsichtigen Grauzonen. Der Demos (das Volk) würde durch die Oekonomia ersetzt, die Demokratie in Oekonomokratie verwandelt. Steht ihr das noch bevor, oder sind Demokratien schon auf dem Weg dazu?

In der Demokratie sind Achtung des Volkswillens, Ausgleich von Minder- und Mehrheiten, diskursive Verständigung in Sachfragen und Leitlinien, Balance der Macht und Umgang mit Unterschieden ständig offene Baustellen. Dabei ist das Volk zwar Alleinherrscher und, wie Montesquieu (*Vom Geist der Gesetze*, 1748) in vordemokratischer Zeit sagte, gleichzeitig sein eigener Untertan. Es hat sich an das zu halten, was es sich mit Verfassung und Recht selber auferlegte. Die Griechen hatten dafür das Verb *demokratizein*, „sich demokratisch verhalten“, sich am „Ethos“ der Demokratie orientieren. Innerhalb dieser Ordnung stellt die Vermittlung eine demokratisierende Baustelle dar – Basisdemokratie.

7.2 Demokratie und Mediation als Willenssysteme

Geschichtlich wurden Volksherrschaft und Mediation bereits bei der Geburt der Demokratie in Athen miteinander verbunden. Es entstanden die Prinzipien „gleiche Gesetze und Gerechtigkeit für alle“ (Isonomie; griech. *isos* = „gleich“, *nomos* = „Recht, Gesetz“) und Rechtstaatlichkeit (Eunomia; *eu* = „wohl, ordnungsgemäß“) (Duss-von Werdt 2005b, S. 24–32). Gesellschaft und Staat gründeten auf Beteiligung (*deliberative participation*, lat. *participare* = „teilhaben, teilnehmen“) und Dialog (*deliberative democracy*, lat. *deliberare* = „erwägen, überlegen, entscheiden, beschließen“). Wer demokratisiert, hält nicht nur Reden, sondern redet mit den anderen und hört auf sie. Monologe kommunizieren nicht und entstehen nicht aus Dialogen, sondern erschweren oder verunmöglichen sie. Was nicht dialogisch kommuniziert wird, existiert dann zwar sozial, aber demokratisch nicht.

In Demokratie und Mediation sind Partizipation und Deliberation „radikal“ (von ihrer Wurzel – lat. *radix* – her) verankert und grundsätzlich *alle* Beteiligten darin eingebunden. Am Maß, ob und wie es konkret geschieht, lassen sich die Qualitäten beider messen. Wer sind aber demokratisch gesehen „alle“? Seit Aristoteles *(Staat der Athener)* bis heute wird darüber kontrovers debattiert. Wer ist Volk? Wer einen Pass hat? Die Mehrheit? Nur die Mitglieder von „Volks“parteien oder das Volk von Populisten, die aktiv Stimmenden und Wählenden, aber nicht die Abstinenten? Alle Bewohner eines politisch umgrenzten Territoriums, seien sie In- oder Ausländer? Die Meinungen darüber sind gespalten, und die Gräben werden tiefer. Mediation auf ganz verschiedenen Ebenen wäre anzusagen – wenn jemand sie denn wollte.

Dass die realen Mediationen und Demokratien nicht (nie?) auf der Höhe ihrer eigenen Prinzipien sind, ist kein Argument gegen sie. Beide sind „lebensweltlich verankert“ (Nida-Rümelin 2006, S. 40), dort also, wo sich das Leben der Anteilhabenden und -nehmenden konkret bewegt, politisch in den USA anders als im Irak, in Bananenrepubliken mit demokratischer Verbrämung anders als in Lobbydemokratien; als Mediation anders in Stammesgesellschaften als in religiösen Gruppen usf.

Wenn Vermittlung und Volkswille eine lebensweltliche Erdung haben, wird der Umgang miteinander „nur so lange human- und demokratieverträglich sein, als er z. B. durch die Haltung des Respekts, der Rücksichtnahme geprägt ist, die das Maß autonomer Lebensgestaltung erst ermöglicht, das für eine demokratische Ordnung unverzichtbar ist [...]. Wenn in einer solchen Gesellschaft zwischen den unterschiedlichen kulturellen und ethnischen Gemeinschaften das, was einen respektvollen Umgang ausmacht, umstritten ist, wird die Pluralität der Gemeinschaften mit einer demokratischen politischen Verfassung unverträglich. Ein humaner Umgang mit kulturellen Differenzen wird erschwert, und die Gefahr des gewalttätigen Konfliktaustrages steigt“ (ebd., S. 25). „Damit wir überhaupt eine Sprache verwenden können, muss jede Person, die daran teilhat, sich darauf verlassen können, dass andere in ihrem Sprachgebrauch verlässlich sind. Dazu gehört u. a. auch, dass das, was die Leute sagen, in der Regel mit dem übereinstimmt, was sie glauben, aber auch mit dem, was tatsächlich der Fall ist – die Regel der Wahrhaftigkeit und des Vertrauens“ (ebd., S. 22).

Das gilt für Mediation auch, sonst wird sie ebenfalls zum Alibi und leeren Ritual.

Als *selbst*regulierte Willenssysteme sind Mediation und Demkratie in mancher Hinsicht voneinander verschieden. So sind „Wille“ und „Selbst“ da nicht das Gleiche wie dort. Bei der Vermittlung ist es einfacher, festzustellen, wer was will.

Das soll ausreichen, um die Vorannahmen des folgenden Strukturvergleichs von Demokratie und Mediation transparent zu machen. Schematisierungen sind auch für diese Einführung Notbehelfe. Mit dem Mut des eigenen Verstandes wird damit der Versuch gemacht, zum kritischen Nachdenken anzuregen (vgl. Abb. 10).

	DEMOKRATIE	MEDIATION
Organisation	horizontal bis vertikal, je nach direkter, parlamentarischer, präsidialer Demokratie	*Konsensuell,* horizontal-demokratische Selbstorganisation
Zentraler Fokus	*Gesamt*gesellschaft/*-gemeinschaft: alle innerhalb des Geltungsbereiches* des jeweiligen Staates	alle aktiv Beteiligten
Zielrichtung	*Interessen* („Gemeinwohl"): *gleiches Recht, Freiheit aller, Demokratie als steter Prozess*	diskursive Gerechtigkeit, *Ausgleich individueller und kollektiver Interessen*
Idealtypisches Menschenbild	*Emanzipation zu mündigen Bürgerinnen und Bürgern*	*Würde des Menschen, Verantwortung für sich* selber und andere
Entscheidungsprozess	Koordination Kooperation Mehrheitsentscheid	*Konsensbildung bis* zur Einstimmigkeit
Partizipation	*Beteiligung* möglichst vieler (aller) an der Gestaltung des Gemeinwesens	aktive Beteiligung aller unerlässlich
Angestrebte Sozialstruktur	Freiheit, Gleichheit und Solidarität *(„Brüderlichkeit"),* Unterschiede bei gleichem Recht (gleich im Anderssein)	*Respektierung der Unterschiede bei* gleichberechtigter Teilnahme/-habe
„Machtspiel"	rechtstaatlich geregelt Dezentralisierung der Macht	ausgehandelte *Verteilung der Machtmittel*
Bedingungen der Praxis	Dialogfähigkeit *unter Achtung von* Verfassung und Rechtsordnung, *Einhalten der Menschenrechte*	Bereitschaft *zum* Diskurs, *Aneignung entsprechender* Kompetenzen
Gesellschaftspolitische Folgen	*je nach Organisation und Ausübung delegierter Macht*	*„Demokratisierung" des Zusammenlebens und -arbeitens*

Abb. 10: Strukturvergleich von Mediation und Demokratie

7.3 „Freier“ Markt, Demokratie und Mediation in widersprüchlicher Spannung

Hier einen Vergleich von Demokratie und Marktwirtschaft zu entwerfen ist insofern gerechtfertigt, als er den Spannungsbereich der Wirtschaftsmediation absteckt.

Bei Demokratie und Mediation ergibt nicht nur die Frage Sinn, *was* sie seien, sondern auch *wer*. Beim Markt ist das schwieriger zu wissen. Nach seiner Doktrin reguliert *er* sich selber, was keine Auskunft darüber gibt, ob „er“ Namen und Adressen hat, von wo aus und wem etwas geschieht. Sein Selbst bleibt anonym – hermetisch. Der Handelsgott Merkur ist übrigens identisch mit Hermes. Hermetik des Marktes?

Sind es die autopoietischen Strukturen des Marktes, welche eigendynamisch auch die Beteiligten steuern, statt von ihnen gesteuert zu werden? Löst sich das Werk vom Verursacher und Träger und wirkt fremdbestimmend (allonom) auf ihn zurück? Solche Fragen sind damit angedeutet, wenn das Wort „frei“, verbunden mit Markt, hier stets in Anführungsstrichen steht. Ist es ansonsten formal vielleicht als Erinnerung an die unfreie Staatswirtschaft der politischen Gegenwelt gedacht, an welcher der Kapitalismus bis 1989 seine Identität und überlegene Selbsteinschätzung erprobte? Ist nun der Wirtschaftsstaat daran, die seinerzeitige Staatswirtschaft abzulösen?

Bisher wurde mit der Vorannahme gearbeitet, man könne nicht nicht bezogen sein, dieses Bezogensein jedoch verschieden gestalten. Auch der Markt hat seine intersubjektive Seite. Er konstelliert die Bezogenheit der Marktteilnehmer und der davon Ausgeschlossenen. Die ersten sind Konkurrenten im Wettbewerb um Sein oder Nichtsein, entweder – oder. Gleichzeitig sind beide, die Beteiligten und Ausgeschlossenen, selber ein globaler Markt als Hersteller und Kunden, Investoren und Manager, bei Erfolg oft vom Konkurrenten abgeworben und teuer gehandelt, bei Misserfolg hochbezahlt in die Wüste geschickt. Auch von den Ausgeschlossenen lässt sich Gewinn erwirtschaften, z. B. beim Deponieren der Abfälle reicher Länder auf ihrem Lebensboden. Grundsätzlich kann jeder als Materiallager bewirtschaftet werden (siehe Organhandel, Fortpflanzungstechnologie, Stammzellenforschung, wirtschaftliche Nutzung der neurobiologischen Grundlagenforschung, Billiglohnbezieher, Kinderarbeiter für unsere Spielzeuge). Totale Wirtschaft – „totalitäre“ Wirtschaft?

Wie Menschen gesehen werden, ist auch hier eine Frage des Standpunktes und der Werte („Ethik“). Wer marktkonform interagiert, ist wirtschaftsfreundlich, die Unangepassten werden negativ beleumdet, da und dort politisch verfemt. Gut ist, was den Wettbewerb fördert, unabhängig von „Kollateralschäden“ sozialer, politischer, kultureller und klimatisch-ökologischer Natur. Die Unangepassten werden vom geschlossenen Marktsystem nicht überall als irritierend, dafür oft als destruktiv beargwöhnt. Weder die mitmenschlichen noch die umweltlichen (als Respekt vor den Ressourcen der Wirtschaft selber) marktgerechten Bezogenheiten sind empathisch. Das widerspricht ihrem (autopoietischen) Selbstläufertum und „Wachstumsprinzip“. Es gibt zwar viele lokale Ausnahmen, welche aber nur die globale Regel bestätigen, z. B. das System der Kleinkredite in Asien und Afrika.

Werte stehen gegen Werte. Der „freie“ Markt ist keine Naturerscheinung (wie vielleicht Kreationisten es sich vorstellen), sondern Menschenwerk. Seine Werte haben ein menschliches Gesicht. Dieses wird sicher zu pauschal als zynisch bezeichnet. Aber was könnte das heißen? (Zynismus: griech. *Kyon* = „Hund“; gemeint ist Hundigkeit im Sinne von Bissigkeit.) „Zynismus ist Herz mit negativem Vorzeichen“, notierte Erich Maria Remarque in *Der schwarze Obelisk*. Zynisch bezeichnet eine mentale Struktur oder Einstellung gegenüber anderen und anderem, analog zu menschen- und naturfreundlich, verachtend, nihilistisch. Für Oscar Wilde ist jemand zynisch, der den Preis von allem kennt, seinen Wert aber nicht. Auf die wachsende „Wertorientierung“ am Geld hatte schon Georg Simmel in seiner *Philosophie des Geldes* (1900) hingewiesen. Konstruktivistisch kann gefolgert werden, dass Handlungen Haltungen entsprechen und Haltungen auf einem intersubjektiven Wirklichkeitskonstrukt basieren. Kommt es zur Instrumentalisierung der Demokratie durch die Herrschaft des „Geldwertes“, verändert sich das politische Gebaren grundlegend. Im Zentrum steht nicht mehr das Allgemeinwohl, sondern das partikuläre Interesse und der Konkurrenzkampf.

Es täte sich auch hier ein weites Feld für Mediation zwischen Staat und Wirtschaft als Bereich der *Wirtschaftsmediation* auf. Wenn diese die wirtschaftlichen Folgen für Menschen und ihre Umwelt nicht einbezieht, geht sie am Sozialen ihres eigenen Feldes vorbei und verpasst ihren Beitrag zur Demokratisierung der Demokratie. Umgekehrt haben Vertreter der Wirtschaft auf allen Stufen ihrer Hierarchie, von den Spitzen bis zum letzten Handlanger, Interessen und Bedürfnisse, denen eine Mediation ebenfalls Rechnung zu tragen hat, wenn es zu einvernehmlichen Lösungen kommen soll. Solche Überlegungen bilden den Hintergrund der Abbildung 11.

Ein Vermittlungssystem löst sich selber willentlich wieder auf. Dafür hat auch die Demokratie ihre eigenen institutionellen Mittel, z. B. Wahlen und Verfassungsänderungen. Geschlossene Systeme, wie politische Beispiele am Ende des 20. Jahrhunderts zeigten, sind anfällig für Zusammenbrüche, wenn ihre Zeit um ist und sie den Kontakt mit dem gesellschaftlichen Umfeld verloren haben. Damit war es auch mit der Staatswirtschaft aus. Alle menschlichen Systeme können einmal zusammenbrechen, auch wirtschaftliche. Systemtherapeuten messen die Gesundheit eines Systems an seiner Offenheit,

	„FREIER“ MARKT	MEDIATION
Organisation	Strukturell vertikal; „Selbstregulierung“ als geschlossenes System, aggressiv kontextbezogen	Strukturell horizontal, *konsensuell;* Selbstorganisation als offenes System, flexibel kontextbezogen
Zentraler Fokus	*„Wirtschaftsgesellschaft“ (Konsum und Geld als „Motoren“)*	*Zivilgesellschaft, unabhängig von Status, Kaufkraft, Rentabilität des Einzelnen*
Zielrichtung	Partikulare Interessen *(„Eigenwohl“) von Einzelnen und Minderheiten, stetes Wachstum ohne Grenzen, Kampf um Monopole = Konzentration* der Macht, Vereinfachungen durch Uniformität	diskursive Gerechtigkeit *für alle, Ausgleich individueller mit gemeinsamen Interessen (Gemeinwohl), Sicherung der Pluralität*
Idealtypisches Menschenbild	*Instrumentalisierung des Konsumenten und der Arbeitenden als Subjekt und Objekt der* „Bewirtschaftung“	*Würde des Menschen, Verantwortung für sich selber* und die anderen
Entscheidungsprozess	wettbewerbs- und marktabhängig ohne Rücksicht auf Gemeinschaft und Individuen („Sachzwänge“, „Zynismus“)	*Konsensbildung* (Grundform der Demokratie)
Partizipation	abhängig von den verfügbaren Mitteln Einzelner oder von Gruppen, Einschluss aller als Marktbenutzer (Ausschluss aller, die keine Mittel dazu haben)	Aktive Beteiligung aller ist unerlässlich (Einschluss aller von gleichen Konflikten und Problemen Betroffenen).
Angestrebte Sozial*struktur*	strukturelle *Ungleichheit, z. B. arm/reich,* Kampf zwischen Gewinnern und Verlierern, *Konkurrenz, Egologik*	*strukturelle Gleichheit, Respekt* vor Unterschieden im Sein bei gleichberechtigter Teilnahme, *Kooperation, Solidarität*
„Machtspiel“	freies „Spiel“ der Marktkräfte nach den Regeln des Stärkeren, Darwinismus als Leitideologie	ausgehandelte *Verteilung der Machtmittel*
Bedingungen des *Funktionierens*	Wettbewerbsfähigkeit *„um* jedem Preis“ als Wirtschaftszwang, Schwächung des (demokratischen) Staates	Bereitschaft *zum Diskurs,* Aneignung kommunikativer Kompetenzen
Gesellschaftspolitische Folgen	*Primat der Wirtschaftspolitik (neofeudale Ökonomokratie, Oligarchie),* Wirtschaftsstaat vs. Staatswirtschaft, Entmündigung in der Lebensgestaltung (le „citoyen consommateur“), *Krise der Demokratien (mit welchem Ausgang?)*	*„Demokratisierung“ des Zusammenlebens,* Stärkung der Demokratie, Förderung der Mündigkeit in der Gestaltung von Gemeinschaft und Gesellschaft

Abb. 11: Strukturvergleich von „freiem“ Markt und Mediation

Freiheit und Flexibilität im Austausch mit dem Umfeld, seinen Krankheitsgrad hingegen an seiner Geschlossenheit und Abschottung.

Der Autor ist sich wohl bewusst, dass diese zusammengedrängten Überlegungen empfindliche Angriffsflächen bieten. Sie möchten zum bedächtigen Nachdenken anregen, was gleichzeitig mit dem Risiko verbunden ist, dass sie emotional aufregen. Es ging in erster Linie darum, das Umfeld der heutigen Mediation als ihren Bezugsrahmen bewusster zu machen. Vermittelt wird ja nicht in einem geschützten Schonraum, sondern oft an den neuralgischen Schnittpunkten mit erlebten, gelebten, erlittenen und gestaltungsbedürftigen Lebenswelten der Beteiligten.

8. Implizites Ethos und explizite Ethik

„Mein Wunsch wäre es, dass Ethik in jedem Dialog, ganz gleich, ob es um Politik, Wissenschaft, Poesie oder was auch immer geht – implizit bleibt, so dass ich, wenn ich einen bestimmten Satz gesagt habe, immer noch ein anständiger Mensch bin. Ein Mensch, der andere nicht zu etwas zwingen will. Ein Mensch, der sich nicht zum Richter oder Polizisten aufschwingt, sondern dem anderen seinen Raum lässt."

(von Foerster u. Pörksen 1998, S. 40)

Wer systemisch-konstruktivistisch ansetzt, kommt um Ethisches nicht herum, weil er die Welt selber zu verantworten hat, welche aus seiner Wahrnehmung, Erkenntnis und dem daran ausgerichteten Handeln hervorgeht: Sie werden zu *ethischen Akten* aus seinem „Ethos" heraus. Im Wissen darüber, nochmals auf schwieriges Gelände zu treten, wird mit Ideen experimentiert, welche an frühere Kapitel anknüpfen und möglichst nur die Mediation und ihr Umfeld im Auge behalten.

8.1 Versuch einer Themenklärung

Über Ethik und Wertfragen wird allenthalben wieder diskutiert. Ethikkommissionen redigieren Kommissionsethiken als Leitlinien und Rechtfertigung z. B. des Forschens, Wirtschaftens, Heilens. Der Streit um Werte polarisiert die Welt und ihre Retter. Was Ethik sei, bleibt diffus. Dazu gibt schon das griechische Urwort Anlass. „Ethos" ist gesellschaftsbezogen und bedeutet „Gewohnheit, Sitte, Brauch" wie lat. *mos* und *mores*, „Moral". Aristoteles sieht im Ethos eine der drei Stärken des

Redners, *Autorität und Glaubwürdigkeit,* neben Pathos (Emotionen erzeugende Redegewalt) und Logos (Klarheit und Logik der Argumente). Ethik gilt als praktische Philosophie, Lehre von sittlichen Werten der Lebensführung, Gesamtheit der vom Gewissen geleiteten Einstellungen zu Lebensfragen sowie der moralischen Maßstäbe des Guten und Angemessen (vgl. auch de.wikipedia.org/Wiki/Ethik [01.08.2007]). Das Wort *aethos* meint „Charakter, Sinnesart". Verwirrend wirkt die Nähe beider Wörter zu *etos,* dem Gegenstand der Verhaltenswissenschaft von Lebewesen mit genetisch weitgehend festgelegtem Programm (Ethologie).

Was immer Wörter bedeuten, bestimmen Menschen rückbezüglich auf sich selber, mögen sie sich auf Aufklärung oder Offenbarung berufen. Beziehen sie sich auf eine außerirdische Instanz, geben sie die Verantwortung für die Leitlinien des Handelns ab. Auch für das Handeln? Wer dafür nicht selber geradesteht, handelt vielleicht moralisch („Du sollst ..."), aber nicht unbedingt ethisch („Ich soll ..."), gesetzestreu, aber gewissenlos.

Für Kant lautete die Frage: „Was soll ich tun?" In der Vermittlung kommt noch hinzu: „Was sollen *wir* tun?" Hier wird mit der Voranname operiert, dass beide Fragen nach der handlungswirksamen Haltung, nach dem *Ethos*, nicht nach Ethik und Moral suchen.

Ethos ist keine Ethik

Ein Ethos wird gelebt als Haltung, Gesinnung des Einzelnen allein oder im Kollektiv. Ethik jedoch verkündet Sollwerte, expliziert Leitlinien. Das Leitbild des Handelns handelt aber nicht, und deswegen reicht es nicht aus, es zu erklären oder sich dazu zu bekennen, um ein Ethos zu verwirklichen. Anders gesagt: Ethos ist Praxis, welche Ethik nicht ersetzt, sondern personifiziert gelebt wird. Doch auch wer sein Ethos lebt, tut nicht einfach das Rechte und nur Gutes. Was diese Qualitäten hat, versuchen Ethiken zu bestimmen. Ein Mafioso handelt aus seinem Ethos heraus loyal und gehorsam für die Cosa Nostra, nötigenfalls bis zur Selbstaufgabe oder gegen besseres Wissen. Auch Terroristen und, in systemischer Einheit mit ihnen, Antiterroristen realisieren beide ein Ethos, glauben, eine Mission erfüllen zu müssen, sei es im eigenen Namen oder dem von Nation, Kultur, Religion, Familie, Ehre. Kein Ethos ist wertfrei, aber jedes *wertambivalent*, je nachdem und je nach wem und dem, wofür es handlungswirksam wird. Wenn zwei dasselbe tun, ist es nicht dasselbe. „Klinische“ Kriege gelten Politikern und Militärs vielleicht als human, dem Roten Kreuz sicher nicht. Den Opfern und Soldaten? Das kann wohl von außen keiner wissen.

8.2 „Implizites Ethos“

Die Vermittlung als soziales System ermöglicht den Teilnehmenden eine dialogische Realisierung bestimmter Werte: Vertrauen, Bereitschaft zur Verständigung, Solidarität, Respekt, Fairness, Gerechtigkeit. Daraus eine Ethik der Mediation zu konstruieren ist möglich, garantiert aber nicht ein Ethos. Bestünde sie aber aus mehr als Vokabeln, die wie leere Gläser darauf warten, mit Trinkbarem gefüllt zu werden? Ist jemand, der Bücher über die Liebe verfasst, deswegen schon ein Liebender? Genügt es, Gerechtigkeit zu fordern, damit alles gerecht zugeht? Das wäre zwar *explizite* Ethik, aber inhalts- und blutleer. Es ist damit wie mit dem Modell der Mediation, das selber noch keine Mediation ist. Demokratisch deklarierte Brüderlichkeit macht noch nicht solidarisch, sondern kann Geister und Gemüter spalten, wie es die Erklärung der Menschenrechte von 1948 immer wieder tut. Sozial existiert dann nicht Brüderlichkeit, sondern eine kontroverse Kommunikatikon darüber.

Ethik ist kein Ethos

Wenn christliche Ethik Menschenliebe verlangt, wird deshalb noch von niemandem Liebe erfahren und verwirklicht. Eine Liebesethik reicht zum Ethos der Liebe nicht aus. Als Moral hat sie sogar viel Unheil angerichtet.

„Das Liebesgebot [...] gebietet nicht etwas Bestimmtes ein für alle Mal, sondern Anwendungen, die von Mal zu Mal im Dialog mit den spezifischen Situationen [...] ‚erfunden' werden müssen" (Vattimo 1997, S. 71). Was ich soll, steht nicht im Voraus fest, sondern ist aus der Situation heraus gefordert. Das Liebesgebot hat während Jahrhunderten auch Elend über die Menschen gebracht, weil sein Inhalt a priori festgelegt wurde.

Ethos ist *nonverbale Kommunikation*, und was da kommuniziert wird, existiert nicht nur sozial, sondern wirkt sozial. Wittgenstein bringt es auf den Punkt: „Darum kann es auch keine Sätze der Ethik geben. [...] Wovon man nicht sprechen kann, darüber muss man schweigen" (1963, 6.42; 7). Worüber man nicht sprechen kann, das wird trotzdem wortlos kommuniziert.

Heinz von Foerster spricht von „impliziter Ethik" und meint aber dasselbe, was hier Ethos genannt wird. Konkret geht es ihm um das Ethos im Sprechen und im Gespräch: „In jedem meiner Gespräche über, sagen wir, die Wissenschaft, Philosophie, Epistemologie, Therapie usw. bin ich bemüht, meinen Sprachgebrauch so im Griff zu haben, dass Ethik impliziert ist." Ein Gespräch über Ethik ist aber noch kein ethischer Akt, die Art des Sprechens aber wohl. „Mein Wunsch wäre es, dass ich, wenn ich einen bestimmten Satz gesagt habe, immer noch ein anständiger Mensch bin" (1993, S. 68). Was immer für ihn anständig sein mag, Foerster möchte nicht unanständig sein. Anstand bezieht sich auf den Umgang mit Menschen, der sich abhebt von einer feindlichen, gehässigen, entwertenden Einstellung ihnen gegenüber. Von Foersters Anstand ist gewaltlos, respektvoll, und wer ihn kannte, fügt hinzu, liebevoll. Welche Ethik sich Wirtschaft, Politik, Mediation zurechtlegen, ist sekundär, primär hingegen ist, aus welchem Ethos heraus sie handeln.

8.3 Ethos der Kommunikation

Wer Vermittlung mitgestaltet, tut es mit einer impliziten Haltung sich und den anderen gegenüber. Sie kann von einem zum andern diametral anders sein: Bereitschaft zur Mitarbeit und zum Hören oder ihre Verweigerung; offen und ehrlich oder trickreich und berechnend; empathisch anerkennend oder zynisch kalkuliert; nachgiebig oder unersättlich begierig und so weiter.

Die jeweiligen Haltungen im System sind nicht isoliert dem Einzelnen zuzuschreiben. Sie hängen mit der momentanen Intersubjektivität zusammen, also von allen ab. Ihre Haltungen können sie *nicht* nicht kommunizieren. Man sieht sie ihnen an, hört sie, auch wenn keiner ein Wort *darüber* sagt. Ob und wie sie das können und machen, hängt nicht wieder einfach von der „Persönlichkeit" des Einzelnen ab, die er nicht als fix und fertig überallhin mitnimmt, sondern von ihrem Kommunikationszusammenhang, vom Hin und Her im Hier und Jetzt. Systeme machen Leute und Leute Systeme. Wer sich mediationsgemäß verhält, schießt auf niemanden, auch wenn er dazu in der Lage wäre. Von eines jeden Ethos sind die Haltungen aller anderen betroffen und entwickeln sich je nachdem in diese oder jene Richtung. Ablehnung kann gegenseitig wachsen, ab- und bald wieder zunehmen, mit der Zeit der Wertschätzung Platz machen oder ins Gegenteil umschlagen. „Jetzt habe ich genug. Ich kann mit dir nicht mehr." „Ich hasse Sie." „Du bist ja ein ganz anständiger Mensch. So wie jetzt habe ich dich bisher nicht gekannt." „So wie heute konnten wir noch nie miteinander reden. Hätten wir es früher schon gekonnt, wäre es mit uns nicht so weit gekommen." Das ist systemischer Wandel des Ethos. Das System lernt Anstand. M dopt es nicht (mit dem Mediationsknigge oder so). Sein Ethos der Bezogenheit wirkt mit. Auch er wird – vielleicht – versuchen, ein anständiger Mensch zu sein – oder es wieder zu werden, wenn er es eben nicht mehr war.

Das spricht nochmals dafür, dass die Teilnehmenden den zielgerichteten Umgang miteinander selber vereinbaren, nämlich gemeinsam etwas zu erreichen, wofür sich nicht jedes Ethos eignet. Eine selbstredigierte Charta ist glaubwürdiger und verpflichtender als abgenickte Regeln. M wird nicht zum Hüter seiner Ordnung, sondern zu dem, der daran erinnert, dass gemeinsam abgemacht wurde, „was sich gehört" (wie es übrigens ein altgriechisches Wort als seine Aufgabe beschreibt). Wenn nur die abstrakten Prinzipien der Mediation formal akzeptiert wären, könnten die Glaubwürdigkeit des Unterfangens Schaden nehmen, Hoffnungen zerstört, Loyalitäten verraten, Menschen missbraucht werden. Was da nur hypothetisch formuliert ist, kann eintreten, wofür nicht „die Mediation" verantwortlich ist, sondern das jeweilige Ethos, welches jede und jeder intersubjektiv einsetzt (Duss-von Werdt 1998).

Implizites Ethos des Mediators

Ob überhaupt ein Ethos aus seiner Haltung spreche, wäre eine rhetorische Frage. Zu erklären, er sei neutral und allparteilich, ist noch keine Haltung. Er könnte auf seine Motivation zur Mediation befragt werden, damit man ihr auf die Spur kommt. Will er etwas für den Frieden tun? „Anständig" Geld verdienen? Aus eigener hässlicher Scheidungserfahrung heraus eine solche anderen ersparen? Angesichts einer Mode wettbewerbsfähig sein? Weil er sich nach leidigen professionellen Erfahrungen vom Falken zur Taube gewandelt hat? Motivationen enthalten ein Ethos. Verhält M sich autoritär und instruktiv, möchte er vielleicht keinem zu nahe kommen, sondern sich möglichst fernhalten. „Ja keine Gefühle, schon gar nicht Eskalationen!" Den einen mag das angenehm sein, andere lassen es sich nicht bieten und handeln nach dem Motto: „Wie du mir, so ich dir." Ein Ethos wirkt wertend und löst Wertungen aus. „Er mag ja ein ganz guter Mediator sein, aber als Mensch mag ich ihn nicht sonderlich. Er wirkt so kalt." Wo es kalt ist, kann es einen tatsächlich frieren.

Ethos im Kontext

Je nachdem, wo Mediation stattfindet, sind nähere und fernere Kontexte wirksam, z. B. Rechtssystem, Sitten und Gebräuche, Moral, Glaubenssätze, Familienethik. Sie wirken nicht direkt als solche, sondern so, wie sie konkret verkörpert sind und damit als Ethos interpretiert werden. Dass alle dabei an strukturelle, gesellschaftliche, rechtliche, gesellschaftsmoralische und sonstige normative Grenzen kommen, die sie nicht überschreiten können („ethisch" nicht dürfen), muss wohl nicht ausgeführt werden. Es ist nicht verhandelbar, ob die Eltern sich nach der Scheidung noch um die Kinder kümmern oder nicht, Firmen von einer Stunde zur anderen Angestellte feuern, Asylbehörden Flüchtlinge willkürlich „ausschaffen" (abschieben), wer stört, als gestört hospitalisiert wird. Auch Gesetze explizieren eine Ethik ihres gesellschaftlichen Geltungsbereichs und verpflichten alle, die in ihm wohnen. Im Rechtstaat schützen sie primär Menschen vor Menschen. Wie sie in der konkreten Situation umgesetzt werden, hängt jedoch auch vom Ethos der dafür Verantwortlichen ab, z. B. ob der Beamte Fremde grundsätzlich nicht mag und am Buchstabenreglement klebt. Mediation hätte auch hier weite Arbeitsfelder, aber wieder nur dann, wenn nicht nur Mediatoren sie wollen. Da erscheint Mediation auch als ein *ethischer Diskurs*, welcher begrenzt ist durch das

Nichtverhandelbare, aber im Rechtstaat auch durch die Verpflichtung, die Menschenwürde zu achten.

8.4 Ehre und Würde

Mit Ehre und Würde kommen Dimensionen ans Licht, welche in Mediationen wirken, auch wenn sie nicht ausdrücklich thematisiert, sondern etwa so ausgedrückt werden: „Ich hatte meine ganze Würde verloren." „Etwas Ehrgefühl und Stolz konnte ich mir bei allen Demütigungen noch erhalten." „Ich begann, mich zu verachten." Ehre ist nicht nur in Ehr- und Schamgesellschaften ein Faktor. Seit Jahren findet im Irak ein illegaler Krieg statt, der die verletzte Ehre einer Nation rächen soll, dabei jedoch Ehre und Würde anderer verletzt.

Das Thema ist zu weit, der Raum dafür zu knapp. Nur mit einem nicht kommentierten Schema (Abb. 12) sei verdeutlicht, dass Vermittlung zwischen den zwei Polen von Ehre und Würde oszilliert. Aus dem Schema geht hervor, dass die Würde den Magnetpol darstellt, auf welchen der Kompass der Vermittlung zeigt.

Die Geltung der Würde hat in der *Allgemeinen Erklärung der Menschenrechte* (*Vereinte Nationen*, 10.12.1948) ihren Rückhalt. In ihrer Allgemeinheit sind sie als menschenfreundliche Empfehlungen („im Geiste der Brüderlichkeit", wie Art. 1 sagt) so lange leer, bis der Ernstfall eintritt, und das geschieht überall und immer dann, wenn Menschen sich treffen, und sei es nur zu einer ganz unkomplizierten und friedlichen Mediation. Auch dann sichert Artikel 2 die Würde aller Beteiligten:

> „Jeder hat Anspruch auf die in dieser Erklärung verkündeten Rechte und Freiheiten ohne irgendeinen Unterschied, etwa nach Rasse, Hautfarbe, Geschlecht, Sprache, Religion, politischer oder sonstiger Überzeugung, nationaler oder sozialer Herkunft, Vermögen, Geburt und sonstigem Stand."

Logik von Ehre und Würde im System	
Ehre	Würde
Organisationsstruktur	
autoritär, strukturelle Gewalt	(je nach Gesellschaft) hierarchisch oder demokratisch geregelte Machtausübung
Beziehungsstruktur	
Ungleichheit, Vertikalität, abwertend komplementär: stark/schwach, gut/schlecht, schuldig/unschuldig	Gleichheit, Horizontalität, anerkennend symmetrisch: gleichwertig anders, Verdienst und Schuld
Zentralität	
Ich, mein Volk, meine Nation, Familie, Rasse, Religion, Identität	ich und du; wir zusammen mit …
Zeitorientierung	
Festhalten, nachtragen, Vergangenheit	loslassen, vergeben, Zukunft
Erleben	
Kränkung, Hass …	Bedauern, Trauer …
Haltungen	
Verachtung, Vernichtung bis zur Leugnung der Existenzberechtigung	Achtung der Eigenberechtigung jeder und jedes Einzelnen
Handlungen	
Rache, Strafe, Buße, „Vendetta", Privatjustiz (Blutrache), Demütigung, unkontrollierte Gewalt	Ausgleich, Einigung, Kompromiss, Konsens
Ziel der Handlungen	
Wiederherstellung der Ehre, Selbstgerechtigkeit herstellen mit allen (legalen und sonstigen) Mitteln	Achtung (Respekt) der Würde, diskursive Gerechtigkeit

Abb. 12: Logik von Ehre und Würde

Im Blick auf Kinder wären dem Text „Alter und Familienstatus" hinzuzufügen.

8.5 Vermittlung, Macht, Gerechtigkeit

Wenn dieses Thema erst am Schluss aufgenommen wird, bündelt es wie eine Linse vieles noch einmal, was vorausging. Wo Menschen sind, spielt Macht als eine normale Dimension mit. Autonomes Verhalten im systemischen Sinn übt Macht aus. Der schreiende Säugling setzt sein Schreien als Machtmittel ein, um von den Eltern etwas zu erreichen. Wie werden sie mit ihrer Macht umgehen? Wo die Beziehungen Konflikte sind, werden die vorhandenen Machtmittel anders verwendet als sonst. In der Mediation kommt ihre ungerechte Verteilung zum Vorschein, so dass man von der heuristisch ergiebigen Idee ausgehen kann, sie als (dezentralisierende) *Neuverteilung der Machtmittel* zu definieren.

Dass Konflikte und Macht normal seien, erregt bei Vermittlern häufig emotional geladenen Widerwillen, was ein ruhiges Nachdenken darüber erschwert. Man redet zwar von Empowerment der Mediannden, spricht sich jedoch als M jede Macht ab. Zudem wird Macht oft vorschnell in die Nähe der Gewalt gerückt, weil M keine Entscheidungsgewalt für sich beanspruchen soll. Auch in der Mediation kommen Machtmittel zum Einsatz: Sprachgewalt und Definitionsmacht, Ausnutzen der sprachlichen Defizite anderer, Vorsprung an Sachkenntnis, Schärfe des Verstandes, Erpressungsversuche, Drohung mit dem „schärfsten Anwalt" am Ort u. a. m. Wenn M seine Kompetenz nicht als *sein* genuines Machtmittel im Interesse aller einzusetzen vermag, wird er zur Veränderung des Machtspiels wenig beitragen können.

Macht ist weder unethisch noch ethisch oder unmoralisch, der Umgang damit trifft jedoch mitten ins Ethos des Systems.

Das wird einem beim Philosophen Byung-Chul Han bewusst, wenn er Macht und *Gerechtigkeit* zusammenführt (2005, S. 135 f., 141). Was er in dichter Weise dazu sagt, macht nachdenklich und passt gut hierher.

Der Macht wohnt der „Zug zum Einen", zur Zentralisierung und (Macht-)Fülle inne. Gerechtigkeit zieht die Macht nicht an sich, sondern gibt sie an jeden zurück.

> „Die Gerechtigkeit will [...] ‚Jedem das Seine geben' (Nietzsche). Sie ist also weder ipsozentrisch noch *zentrisch* ... Der Gerechte hört mehr auf die Dinge als auf *sich* ... Der Gerechte enthält sich seines Urteils, das *immer zu früh kommt.* [...] ‚Es ist oft kein geringes Zeichen von Humanität, einen anderen nicht beurteilen zu wollen und sich zu weigern, über ihn zu denken' [Nietzsche]. Man übt Gerechtigkeit, indem man seine Überzeugung, seine Meinung über den Anderen in der Schwebe hält, indem man *hört, zuhört,* indem man sich seines Urteils, d. h. *seiner selbst,* enthält. Denn das Ich kommt *immer zu früh* zu Ungunsten des Anderen. Von der Macht als solcher kann jene singuläre Enthaltsamkeit nicht ausgehen. Das *Zögern* wohnt ihr nicht inne. Die Macht als solche weigert sich nie, den Anderen zu beurteilen oder über ihn zu denken. Sie besteht vielmehr aus Urteilen und Überzeugungen [...]. Die Freundlichkeit ist auch eine Vermittlung, eine intensive Form der Vermittlung sogar, aber ihr fehlt die Intentionalität der Macht, nämlich die ‚Spitze' der *Subjektivität*" (Han 2005).

In der gegenseitigen Achtung der Würde wird die Spitze der Subjektivität stumpf. Es entsteht eine Intersubjektivität der Akzeptanz und Kooperation statt der Ablehnung, des Wettbewerbs oder des kämpferischen Willens zur einseitigen Macht und zu alleiniger Machtfülle. Dezentralisierung der Macht von Menschen über Menschen ist die Grundgebärde der Demokratie und der Mediation. Beide sind *Praxis* oder sind nicht Praxis der Gestaltung von Bezogenheit und Kommunikation.

Mitten unter uns Menschen

Medien und gescheite Aufsätze wissen immer wieder zu berichten, dass es Realisten und Idealisten gebe. Zu erhärten, wie sie sich unterscheiden, überschreitet wahrscheinlich die Kompetenz der Wissenschaft. Es dürfte eher eine persönliche Option für jenen Typus sein, bei dem man sich selber heimisch fühlt und einrichtet oder Andere da oder dort hin abstellt. In dieser Schrift wird angenommen, ein Mensch sei aufgrund seiner Autonomie im Sinne der Eigengesetzlichkeit so, wie er ist, und das könne ihm nicht ohne Gewalt genommen werden. Wirklich sei zudem das, an dem einer sich aufgrund seines jeweiligen Bewusst-Seins orientiert. Gründe dafür gibt es aus Erfahrung genug, wenn wir wachen Geistes durch das Leben gehen und nicht von dem wegschauen, was uns täglich umgibt. Da jedoch die Autonomie auch die Grenze des zwischenmenschlichen Verstehens darstellt, ist die Einteilung der Menschen in Kategorien grundsätzlich eine heikle, vor allem eine hypothetische Sache.

Das Ideal der Realisten ist es vielleicht, sich mit der Feststellung zu begnügen, dass der Mensch und die Welt nun einmal so sind, wie sie sind, z. B. Wölfe. *Homo homini lupus* (zuerst Plautus, ca. 250 bis ca. 184, dann Hobbes 1588–1679). Vertreter dieser Realität tragen damit das Ihre bei, dass es so bleibt.

Wer hingegen andere Erfahrungen macht oder Vorstellungen, Wünsche, Fantasien und Utopien davon hat, wie es sonst noch sein könnte, bringt Verstörung in solche Resignation und Erstarrung. Auch seine Berichte und Entwürfe sind als solche real und wirksam. Eine Möglichkeit, *diese* Realität zu vertreten, ist die Vermittlung, nicht als eine akademische Disziplin, sondern als *Praxis* in ganz verschiedenen Formen nicht nur der professionellen Art. Sie schafft Realitäten dessen, was sich zwischen Menschen als gestaltbarer Vollzug ihres Mit-Menschen-Seins ereignet. Es hebt sich (wenn auch nicht immer) von der darwinistischen Fatalität ab, wonach nur der Stärkere eine Zukunft hat, weil ihm bereits die ganze (uns meist unbekannte) Vergangenheit gehört haben soll. Auch der Krieg aller gegen alle im *Leviathan* von Hobbes war eine Annahme für die Zeit vor ihm, nämlich vor jeder Zivilisation. Zusammen mit ihm sind wir inzwischen ein bisschen darüber hinaus.

Was Menschen vom Menschen halten, weist zurück auf sie selber. Bilder des Menschen sind Selbstportraits. Eines davon ist das systemische, an dessen Perspektive und Stil sich diese Schrift hält. Sie beschreibt, dass zwischenmenschliche Bezogenheit verschieden gestaltet werden kann, also gestaltbar und nicht im Voraus festgeschrieben ist, und weist darauf hin, dass diese Ansicht (Theorie) auch praktische Seiten hat. Sie hebt wechselseitige Zusammenhänge zwischen Menschen hervor, setzt sie nicht in einem Gefängnis der Unabhängigkeit von Anderen fest, sondern verbindet sie in ihrer Autonomie miteinander. *Homo homini homo*. Auch wer sich an diesem Bild orientiert, verwechselt es nicht mit einer Menschenwirklichkeit an sich, sondern belässt es in seiner Bildhaftigkeit. Er ist bereit, auf Rechthaberei, Wahrheitsbesitz und sonstige gewalttätige Fundamentalismen zu verzichten, und das auch gerade dann, wenn er Vermittler ist.

Niemand ist gezwungen, ein Ebenbild eines Menschenbildes zu werden, auch jenes Bildes nicht, wonach Menschen eher wohlwollend als ablehnend aufeinander bezogen sind. Dennoch kann er sich erfinden, sich in einem Lebensentwurf finden und sich danach ausrichten. *Freiwilligkeit* bekommt dadurch eine neue Dimension. Darauf, einverständlich zusammenzuleben, Empathie füreinander zu haben, können sich Menschen ebenso verständigen wie darauf, sich und Andere als Gegner zu betrachten und als Feinde zu vernichten.

Ob jemand freiwillig an einer Vermittlung teilnimmt oder nicht, ist nebensächlich. Entscheidend ist, wie er sich verhält, wenn er mit Anderen umgeht, ob er sich mit ihnen verständigen und vertragen oder sie mit Krieg, vor Gericht, durch Herausekeln am Arbeitsplatz oder mit anderen Beziehungsformen bekämpfen will. Es läuft auf die *Einstellung* (z. B. die mentale Infrastruktur, die Traditionen und die daraus gezogenen Schlüsse) eines Kollektivs oder Einzelner hinaus, ob sie die unumgängliche Bezogenheit auf Menschen umgänglich, kooperativ oder negativ bzw. feindlich gestalten *(wollen)*. Aktive Teilnahme an einer Vermittlung drückt dann den Willen zum umgänglichen Umgang aus, ist motiviert von einem Ethos der Offenheit, des Anstandes und der Freundlichkeit. Auch gegenteiliges Verhalten entspricht einem Ethos. Wer Anderen anständig begegnet, will sie nicht entwürdigen und demütigen. Wer ihnen schaden und sich an ihnen rächen will, verfolgt eine andere Logik seiner Lebensperspektive.

Lebenskonzepte haben von Haus aus „systemische" Dimensionen der Intersubjektivität insofern, als es nicht allein von der eigenen Seite abhängt, wie man miteinander umgeht, sondern von zwei bis unterschiedlich vielen. Um sich zu verständigen, braucht es bestimmt geartete Kommunikationen, die, wenn sie gelingen, allseitig aufeinander abgestimmt sein müssen, um im Konsens zu münden. Konsens heißt wörtlich, „eines Sinnes" zu sein. Das bezieht sich nicht einfach darauf, in allem eine Meinung zu haben, sondern den Sinn gleich auszurichten. Kommunizieren kann man nicht allein; sich allein mit Andern einigen oder ohne sie mit ihnen streiten auch nicht.

Auf Verständnis ausgerichtete und Anderen zugeneigte Menschen werden ab und zu als Gutmenschen belächelt und als naiv beurteilt. Wie sollten übrigens andere heißen, denen dieser

Stempel nicht aufgedrückt wird? Schlechtmenschen, die realistischer und raffinierter sind als die naiven? Um Menschen vorläufig oder abschließend zu beurteilen, ist es immer zu früh. Wer könnte denn selber als sicherer Maßstab für den Menschen an sich und überhaupt in Frage kommen und im Namen der Menschheit für jeden Einzelnen sprechen und handeln? Weil jeder autonom anders ist, keiner. *Für sich* ist zwar der autonome Mensch das Maß aller Dinge, aber keiner das Maß für Einzelne oder gar für alle anderen. Dessen ungeachtet beanspruchen Menschen immer wieder für sich Unfehlbarkeit und ein Monopol für das Mensch-Sein, welche sie etwa von übermenschlichen oder übergeordneten Strukturen (Präsidentschaft, Kirche, Berufung u. a. m.) ableiten. Werden diese zu ihrem Maßstab, entarten sie immer wieder zum Maßlosen. In ihnen steckt ein hohes Gewaltpotenzial, in das Eskalationen der Gewalt geradezu hineinprogrammiert sind. Strukturelle Gewalt (Jan Galtung) hat noch andere Gesichter. Sie drängt Menschen an den Rand oder schafft sie gleichsam als wertlos ab, weil es um andere Werte geht. Hat nicht das Marktsystem des Geldes und der Waren solche Tendenzen oder, genauer, Folgen?

Mediation nimmt nicht Partei für Menschen gegen Menschen, sondern möchte, dass unter ihnen in der Mitte jeweils für alle Raum sei, die darin Platz nehmen wollen. Die Mitte ist da, damit Menschen für Menschen Menschen sein *(homo homini homo)* und sich als solche solidarisieren können, wenn sie wollen. Darin liegen jeder gleichzeitig auch die Grenzen der Vermittlung und ihr Realismus.

Literatur

Verwendete Literatur

Bateson, G: (1982): Geist und Natur. Eine notwendige Einheit. Frankfurt a. M. (Suhrkamp). [Engl. Orig. (1979): Mind and nature. A necessary unit. London et al. (Wildwood).]

Bieri, P. (2006): Das Handwerk der Freiheit. Über die Entdeckung des eigenen Willens. Frankfurt a. M. (Fischer).

Buber, M. (1992): Ich und Du. Werke I. München (Kösel).

Duden (1989): Etymologie. Herkunftswörterbuch der deutschen Sprache. Mannheim/Leipzig/Wien/Zürich (Dudenverlag), 2., völlig neu bearb. u. erw. Aufl.

Duss-von Werdt, J. (1998): Die Praxis der Mediation als ethischer Diskurs. In: G. Falk et al. (Hrsg): Die Welt der Mediation. Klagenfurt (Alekto).

Duss-von Werdt, J. (2000): Mediation und Macht. *Zeitschrift für Konfliktmanagement (ZKM)* 1: 4–15.

Duss-von Werdt, J. (2004): Auch wenn wir uns verstünden, müssen wir uns denn verstehen? In: G. Mehta u. K. Rückert (Hrsg.): Streiten Kulturen? Konzepte und Methoden einer kulturintensiven Mediation. Wien/New York (Springer).

Duss-von Werdt, J. (2005a): Gestalten des vermittelnden Menschseins. Historische und humanphilosophische Anmerkungen. In: A. von Sinner u. M. Zirkler (Hrsg.): Hinter den Kulissen der Mediation. Bern (Haupt).

Duss-von Werdt, J. (2005b): homo mediator. Geschichte und Menschenbild der Mediation. Stuttgart (Klett-Cotta

Foerster, H. von (1993): KybernEthik. Berlin (Merve).

Foerster, H, von u. B. Pörksen (1998): Wahrheit ist die Erfindung eines Lügners. Gespräche für Skeptiker. Heidelberg (Carl-Auer), 7. Aufl. 2006.

Han, B.-C. (2005): Was ist Macht? Stuttgart (Reclam).

Hunyadi, M. (1995): La vertu du conflit. Pour une morale de la médiation. Paris (Cerf).

Kamp, H. (2001): Friedensstifter und Vermittler im Mittellalter. Darmstadt (Wissenschaftliche Buchgesellschaft).

Kant, I. (1783): Beantwortung der Frage: Was ist Aufklärung? In: E. Bahr (Hrsg.) 1974): Was ist Aufklärung? Thesen und Definitionen. Stuttgart (Reclam).

Luhmann, N. (1984): Soziale Systeme. Grundriß einer allgemeinen Theorie. Frankfurt a. M. (Suhrkamp).
Luhmann, N. (1997): Die Gesellschaft der Gesellschaft. Frankfurt a. M. (Suhrkamp).
Luhmann, N. (2004): Einführung in die Systemtheorie. (Hrsg. von Dirk Baecker.) Heidelberg (Carl-Auer), 4. Aufl. 2008.
Maturana, F. u. F. Varela (1987): Der Baum der Erkenntnis. Die biologischen Wurzeln des menschlichen Erkennens. (Übers. von Kurt Ludewig.) Bern/München (Scherz).
Nida-Rümelin, J. (2006): Demokratie und Wahrheit. München (C. H. Beck).
Pindl, T. (Hrsg.) (1998): Lull, Ramon, Das Buch vom Heiden und den drei Weisen. Stuttgart (Reclam).
Rombach, H. (1980): Phänomenologie des gegenwärtigen Bewußtseins. Freiburg/München (Karl Alber).
Rombach, H. (1983): Welt und Gegenwelt. Umdenken über die Wirklichkeit: Die philosophische Hermetik. Freiburg (Herder).
Roth, G. (2001); Fühlen, Denken, Handeln. Wie das Gehirn unser Verhalten steuert. Frankfurt a. M. (Suhrkamp).
Saner, H. (2002): „Nicht-optimale Strategien". Essays zur Politik. Basel (Lenos).
Simmel, G. (1900): Philosophie des Geldes.
Simon, F. B. (2004): Tödliche Konflikte. Zur Selbstorganisation privater und öffentlicher Kriege. Heidelberg (Carl-Auer), 2., erw. u. korr. Aufl.
Simon, F. B. (2006): Einführung in Systemtheorie und Konstruktivismus. Heidelberg (Carl-Auer).
Sinner, A. von (2005): Was ist Mediation? Versuch einer Annäherung. In: A. von Sinner u. M. Zirkler (Hrsg.): Hinter den Kulissen der Mediation. Bern (Haupt).
Sinner, A. von (2006): Über den antiken Ursprung der Bezeichnung Mediation. *Perspektive Mediation. Beiträge zur KonfliktKultur* 4: 197–202.
Sinner, A. von und M. Sinner (Hrsg.) (2005): Hinter den Kulissen der Mediation. Kontexte, Perspektiven und Praxis der Konfliktbearbeitung. Bern (Haupt).
Six, J.-F. et V. Mussaud (2002): Médiation. Paris (Seuil).
Sloterdijk, P. (1996): Selbstversuch. Ein Gespräch mit Carlos Oliveira. München (Hanser).
Stierlin, R. u. J. Duss-von Werdt (2003): Familienmediation in der Schweiz. *Familiendynamik* 28: 403 - 427
Tschuang-Tse (1936): Dichtung und Weisheit. Zürich (Insel).
Vattimo, G. (1997): Glauben – Philosophieren. Stuttgart (Reclam).

Watzlawick, P. et al. (1967): Menschliche Kommunikation. Formen, Störungen, Paradoxien. Bern (Huber).
Wittgenstein, L. (1963): Tractatus logico-philosphicus. Logisch-philosophische Abhandlung. Frankfurt a. M. (Suhrkamp).
Zillessen, H. (2003): Mediation als Form der Partizipation in der Zivilgesellschaft. In: G. Mehta u. K. Rückert (Hrsg.): Mediation und Demokratie. Neue Wege des Konfliktmanagements in größeren Systemen. Heidelberg (Carl-Auer).

Weiterführende Literatur in kleiner Auswahl

Ballreich, R. u. F. Glasl (2007): Mediation in Bewegung. Ein Lehr- und Übungsbuch. Stuttgart (Concadora).
Besemer, C. (2001): Mediation – Vermittlung in Konflikten. Baden-Baden (Stiftung Gewaltfreies Leben).
Diez, H. et. al. (2002): Familien-Mediation und Kinder. Grundlagen – Methodik – Techniken, Köln (Bundesanzeiger Verlag).
Duve, C., H. Eidenmüller u. A. Hacke (2003): Mediation in der Wirtschaft. Wege zum professionellen Konfliktmanagement. Köln (Schmidt).
Falk, G., P. Heintel u. C. Pelikan (Hrsg.) (1998): Die Welt der Mediation. Entwicklung und Anwendungsgebiete eines interdisziplinären Konfliktregelungsverfahrens. Klagenfurt (Alekto).
Gerber, R. (2006): Schüler schlichten Streit. Das Peace-Force®-Programm für Schülerinnen und Schüler von 7–11 Jahren. Zürich (orell füssli).
Haft, F. u. K. von Schlieffen (Hrsg.) (2002): Handbuch Mediation. Verhandlungstechnik, Strategien, Einsatzgebiete. München (C. H. Beck).
Haynes, J. M., A. Mecke, R. Bastine u. L. Fong (Hrsg.) (2004): Mediation – Vom Konflikt zur Lösung. Stuttgart (Klett-Cotta).
Mehta, G. u. K. Rückert (Hrsg.) (2003): Mediation und Demokratie. Neue Wege des Konfliktmanagements in größeren Systemen. Heidelberg (Carl-Auer).
Mehta, G. u. K. Rückert (2004): Streiten Kulturen? Konzepte und Methoden einer kultursensitiven Mediation. Wien/New York (Springer).
Rosenberg, Marshall, B. (2004): Konflikte lösen durch gewaltfreie Kommunikation. Freiburg (Herder).
Simsa, C. u. W. Schubarth (Hrsg.) (2001): Konfliktmanagement an Schulen – Möglichkeiten und Grenzen der Schulmediation. Frankfurt a. M. (DIPF) Deutsches Institut für pädagogische Forschung

Bei der Suche nach Begriffen und Informationen zur Systemtheorie hilfreich: http://de.wikipedia.org/wiki/Systemtheorie.

Zeitschriften

perspektive mediation. Beiträge zur Konfliktkultur.
Wien (Verlag Österreich; www.verlagoesterreich.at).
Zeitschrift für Konfliktmanagement (ZKM).
Köln (Centrale für Mediation; www.centrale-fuer-mediation.de/zkm.htm).

Über den Autor

Joseph Duss-von Werdt, Jg. 1932, Prof. Dr. phil., Dr. theol.; Ausbildungen in Paar- und Familientherapie sowie Mediation. Gründer und 20 Jahre Leiter des Instituts für Ehe und Familie, Zürich. Forschungen im Bereich Scheidung, Krankheit und Familie, Praxis der Mediation. 1976–1995 Herausgeber der interdisziplinären Zeitschrift *Familiendynamik* (zus. mit Helm Stierlin). Dozententätigkeit an verschiedenen Universitäten. Bis 1997 Titularprofessor für systemische Familientherapie in Freiburg/Schweiz. Seit 1998 Lehrbeauftragter für Mediation (Geschichte, Grundlagen, Familie) am Lehrgebiet Rechtswissenschaft der Fernuniversität Hagen.

Fritz B. Simon

Einführung in Systemtheorie und Konstruktivismus

120 Seiten, Kt
2. Aufl. 2007
ISBN 978-3-89670-547-1

Systemtheorie und Konstruktivismus sind zwei eng miteinander verbundene Theorierichtungen, die heute für unterschiedliche soziale Praxisfelder zentrale Bedeutung gewonnen haben: Psychotherapie und Familientherapie, Pädagogik, Organisationsberatung, Management, Politik u. v. a.

In dieser Einführung werden unterschiedliche Theoriestränge, die teils in den Naturwissenschaften, teils in den Sozial- und Geisteswissenschaften entwickelt wurden, so aufbereitet, dass neben ihrem historischen Kontext ihre Gemeinsamkeiten und Unterschiede, ihre innere Logik, vor allem aber ihre Konsequenzen für den Praktiker deutlich werden. Das Spektrum reicht von den Anfängen der Kybernetik und Systemtheorie über die Chaos- und Komplexitätstheorie bis zur Theorie autopoietischer Systeme und zur neueren soziologischen Systemtheorie.

Als Leser bekommt man so eine kompakte und konsistente theoretische Basis für sein Handeln in einer nicht berechenbaren Umwelt, die hilft, mit den Unsicherheiten, wie sie in einer komplexen Welt unvermeidlich sind, umzugehen.

Fritz B. Simon, Dr. med. habil., Professor für Führung und Organisation an der Universität Witten/Herdecke wurde im Jahr 2005 vom PERSONALmagazin unter die 40 führenden Vordenker und Vorbilder im Personalwesen gewählt.

www.carl-auer.de